사주 팔언독가

사주선생이 팔자성어로 풀어주는
사주 팔언독가

초판 1쇄 인쇄 2010년 12월 10일
초판 1쇄 발행 2010년 12월 15일

지은이 | 김종국
펴낸이 | 金泰奉
펴낸곳 | 한솜미디어
등 록 | 제5-213호

편 집 | 박창서, 김주영, 김미란, 이혜정
마케팅 | 김영길, 김명준
홍 보 | 장승윤

주 소 | (우143-200) 서울시 광진구 구의동 243-22
전 화 | (02)454-0492(代)
팩 스 | (02)454-0493
이메일 hansom@hansom.co.kr
홈페이지 www.hansom.co.kr

값 10,000원
ISBN 978-89-5959-254-8 (13150)

*잘못 만들어진 책은 구입하신 서점에서 친절하게 바꿔드립니다

사주선생이 팔자성어로 풀어주는
사주 팔언독가

남경 김종국 著

한솜미디어

이·책·을·내·면·서

　익지 않은 부족한 학문을 세상에 내어놓음을 진심으로 부끄럽게 생각하며 나름대로 골방에서 30년간 연구한 것을 엮어보았습니다.
　이 책은 사언으로 묶어 두 절로 하고 각 행을 팔 행으로 하였으며 격국용신에서부터 그 사주에 나타나는 여러 가지 특징을 노래조로 하였습니다. 자신도 모르는 사이에 격국이며 용신 및 그 사주에 나타나는 형상을 깨우칠 수 있도록 나름대로 노력하였습니다.
　또한 한 문구 한 문구를 작성함에 그 문구에 나타나는 형상을 기록하였는데, 예를 들면 "癸水모친 辰土착근 염천지상 홀로앉아 긴긴밤을 탄식함이 그대사주 아니던가"라는 식으로 그 나타나는 형상을 최대한 알기 쉽게 하였음을 밝힙니다. 그리고 누구나 쉽게 읽을 수 있도록 한문을 가능하면 넣지 않고 기록하였으니 부디 선용하시기를 진심으로 비옵니다.

contents

이 책을 내면서 / 5

(001) 외가에서 자란다오 / 15
(002) 존귀지명 남편 대성공시키는 사주 / 16
(003) 여자 망신 패가로다 / 17
(004) 좋은 차도 자갈밭은 못 달린다 / 18
(005) 결혼 몇 번 실패, 해외결혼 안정이라 / 19
(006) 행정가 현처 인연 / 20
(007) 부친 혈압사 / 21
(008) 자궁 수술 / 22
(009) 미국 이민 / 23
(010) 결혼실패, 재혼하고도 의처증으로 고생한다 / 24
(011) 행복지남, 재정계에서 출세한다 / 25
(012) 의사 / 26
(013) 처자 흉사 / 27
(014) 객지에서 성공 / 28
(015) 자녀 실종, 가출 / 29
(016) 노처녀 / 30
(017) 외국에서 근무 / 31
(018) 공장 경영, 행복지남 / 32
(019) 해외 득자, 재혼 / 33
(020) 공금횡령, 감옥감 / 34
(021) 연애결혼 / 35
(022) 해외결혼 / 36
(023) 통역관의 여인이라 / 37
(024) 동량재목 되셨구나 / 38
(025) 차사고로 비명이다 / 39
(026) 화상으로 몇 번 수술 / 40

〔027〕 형제가 비명 차사고라 / 42
〔028〕 자식 요사 / 43
〔029〕 처녀 임신 / 44
〔030〕 애기 낳고 산망(産亡) / 45
〔031〕 남편이 도망갔다 / 46
〔032〕 초년 과부 / 47
〔033〕 정부 요직 근무 / 48
〔034〕 고생 끝에 낙이 온다 / 49
〔035〕 국제결혼 / 50
〔036〕 모그룹 대표이사 / 51
〔037〕 애기 낳고 살다가 도망 / 52
〔038〕 재혼열차 타셨구려 / 53
〔039〕 자식 한 명 요사 / 54
〔040〕 시집 식구 돈 가져감 / 55
〔041〕 남편 자살 / 56
〔042〕 외국 남자와 결혼했으나 상부 / 57
〔043〕 자식 익사 / 58
〔044〕 자녀 익사 / 59
〔045〕 자녀 실종 / 60
〔046〕 자식 흉사 / 61
〔047〕 효자라고 좋다 마소, 처에게는 곤욕이라 / 62
〔048〕 장모가 사위 쫓아냈다 / 63
〔049〕 나의 모친이 처를 쫓아냈다 / 64
〔050〕 그대 여인 소낙비라오 / 65
〔051〕 주유업 / 66
〔052〕 공무원 현처에 행복지남 / 67
〔053〕 모친 흉사, 개울에서 잠자다가 돌아가셨음 / 68
〔054〕 애기 낳고 살다가 도망, 늙은 남자 모신다 / 70

contents

(055) 결혼하자 승승장구로다 / 71
(056) 늦둥이가 귀히 된다 / 72
(057) 형제 사고사 / 73
(058) 중·고등학교 선생 / 74
(059) 무자, 입양 자식 이혼하고 혼자 키운다 / 75
(060) 다리 절단 / 76
(061) 국제결혼 / 77
(062) 박사님 / 78
(063) 선생님 / 79
(064) 풍환자 / 80
(065) 독수공방 / 81
(066) 이혼 후 늙은 남자 애인 / 82
(067) 부귀지남, 현처 인연 / 83
(068) 타가에서 장성 / 84
(069) 안맹 자식 두었군요 / 85
(070) 요사 / 86
(071) 법조계에 밥 먹구나 / 87
(072) 늙어서도 마마보이 / 88
(073) 자식 요사 / 89
(074) 딸자식이 맹인이라 / 90
(075) 돈 대주고 뺨 맞다가 결국 이혼이라 / 91
(076) 공주병에 잠 못 자네 / 92
(077) 재혼 본처 외국 갔다 / 93
(078) 형제동기 방해하여 부부간에 이별했네 / 94
(079) 자식 때문에 이별했네 / 95
(080) 경찰관 / 96
(081) 내 낭군은 어디 있나 / 97
(082) 외국 유학 가 보았다 / 98

〔083〕 의처증에 고생하다 늙어서 이혼이라 / 99
〔084〕 타생자손 부양/ 100
〔085〕 노처녀 공무원 / 101
〔086〕 결혼생활 일 년 만에 과부라오 / 102
〔087〕 양귀비의 미모로다 / 103
〔088〕 대학자 교수 / 104
〔089〕 의대 교수 / 105
〔090〕 빈객 노총각 / 106
〔091〕 자식 나자 남편 병마로다 / 107
〔092〕 남산골 서생이라 / 108
〔093〕 총각귀신 / 109
〔094〕 자식이 눈 이상, 모 박사님 / 110
〔095〕 큰 부자의 사주로다 / 111
〔096〕 교수님, 대행복지남 / 112
〔097〕 삼대 부귀하오리다 / 113
〔098〕 선친 유산 흔적 없다 / 114
〔099〕 재물신이 구름처럼 날아갔다 / 115
〔100〕 천하미인 절세가인 / 116
〔101〕 대재력가 / 117
〔102〕 귀자득자 / 118
〔103〕 명문가의 아들이라 / 119
〔104〕 법조인 아들이 대성 / 120
〔105〕 처 흉사 / 121
〔106〕 재혼 작첩 / 125
〔107〕 독수세월 고환빈이라 / 126
〔108〕 자식 눈 이상 / 127
〔109〕 부잣집 아들, 노후 재벌 / 128
〔110〕 자식이 크게 성공한다 / 129

contents

〔111〕 결혼하고 큰돈 번다 / 130
〔112〕 초년 과부 사주로다 / 131
〔113〕 자식이 성공한다 / 132
〔114〕 법조인 딸딸이 집 / 133
〔115〕 신경쇠약 앓아본다 / 134
〔116〕 교통사고 다리불구 / 135
〔117〕 불효자식 속썩인다 / 136
〔118〕 상부 그러나 큰 부자 / 137
〔119〕 의사 / 138
〔120〕 행복지남, 현처 귀자 / 139
〔121〕 종일 분주 고환빈이라 / 140
〔122〕 무자 / 141
〔123〕 남편 출세, 명문가에 행복지녀 / 142
〔124〕 평생 작사가 난망이라 / 143
〔125〕 부귀지명 자랑한다 / 144
〔126〕 타생 자식 부양 / 145
〔127〕 결혼 몇 번 실패 / 146
〔128〕 과부 / 147
〔129〕 현처 귀자 부귀로다 / 148
〔130〕 떠돌이의 인생이라 / 149
〔131〕 남편이 집나가 딴 여자와 동거 / 150
〔132〕 삼귀득위 오복이라 / 151
〔133〕 명문가의 자손님이 명문가를 만드노라 / 152
〔134〕 상부 초년 과부 / 153
〔135〕 장모 봉양 출세더라 / 154
〔136〕 자살한 비운의 여인, 일자 병사 / 155
〔137〕 해외에서 홍등가라 / 156
〔138〕 외국 남자 상부로다 / 157

사·주·팔·언·독·가

〔139〕 모친님이 동생 낳고 산망했네 / 158
〔140〕 자궁 수술 / 159
〔141〕 후처 소생이나 대성하겠다 / 160
〔142〕 남편 성공 / 161
〔143〕 의류 수출업 / 162
〔144〕 자식 성공 / 163
〔145〕 허리 아파 고생이네 / 164
〔146〕 모친 흉사 / 165
〔147〕 고모 숙부 화염이라 / 166
〔148〕 장모님이 사고사라 / 167
〔149〕 이복형제 있소이다 / 168
〔150〕 자식 간직 어렵구나 / 169
〔151〕 딸딸이 집 / 170
〔152〕 장모 봉양 효자구나 / 171
〔153〕 부부간에 소송이라 / 172
〔154〕 문전걸식 / 173
〔155〕 효도하다 망했구나 / 174
〔156〕 자식 눈 이상 / 175
〔157〕 결혼 여러 번 실패 / 176
〔158〕 화장품업 / 177
〔159〕 남편이 신경쇠약 / 178
〔160〕 처 흉사 / 179
〔161〕 의처증에 잠 못 자네 / 180
〔162〕 유소실 / 181
〔163〕 초혼 실패 / 182
〔164〕 애기 낳고 살다가 도망이라 / 183
〔165〕 애기 나면 상부 / 184
〔166〕 재혼 사주 / 185

[167] 만리장성 소용없다 / 186
[168] 오복지녀 양귀비라 / 187
[169] 처자식이 떠났구나 / 188
[170] 세 끼 끼니 걱정이라 / 189
[171] 결혼하면 성재한다 / 190
[172] 부평초의 인생이라 / 191
[173] 바람나서 패가했네 / 192
[174] 대기업에 비서로다 / 193
[175] 결혼하자 상부로다 / 194
[176] 선생님 / 195
[177] 법조인 / 196
[178] 초혼 실패, 재혼 득자, 행복지녀 / 197
[179] 초혼 실패 / 198
[180] 신경쇠약 / 199
[181] 대재력가 / 200
[182] 노처녀 / 201
[183] 도화밭에 양귀비라 / 204
[184] 재혼하고도 실패로다 / 205
[185] 신체불구에 정신이상이다 / 206
[186] 문서손실 싸움이다 / 207
[187] 유랑, 배 타는 게 천직이라 / 208
[188] 늦둥이를 두지요 / 209
[189] 간호원 / 210
[190] 잘해 주고 좋은 소리 못 듣는다 / 211
[191] 양처득자 / 212
[192] 무정세월 한탄이라 / 213
[193] 자식이 대성, 고위공직이라 / 214
[194] 이녀동부 / 215

〔195〕 혼혈아 득자 / 216
〔196〕 후처 소생 / 217
〔197〕 가는 몸매 허리 길다 / 218
〔198〕 남편 자식이 크게 성공한다 / 219
〔199〕 아드님이 몇 번 결혼 실패로다 / 220
〔200〕 모와 처로 인하여 신경쇠약 / 221
〔201〕 초년운에 울었구나 / 222
〔202〕 후처 소생 대출세라 / 223
〔203〕 큰 인물이 탄생했네 / 224
〔204〕 불구로다 / 225
〔205〕 대재력가 / 226
〔206〕 식품공장 사장 / 227
〔207〕 자식이 흉사더라 / 228
〔208〕 장모님이 귀인이다 / 229
〔209〕 과부 사주로다 / 230
〔210〕 무자사주 / 231
〔211〕 무자사주 / 232
〔212〕 대재력가 / 233
〔213〕 사장, 공장 경영 / 234
〔214〕 화상 흉터 / 235
〔215〕 교수 / 236
〔216〕 남편자식 성공이라 / 237
〔217〕 무자 / 238
〔218〕 결혼하고 돈벌더라 / 239
〔219〕 고속도로 인생이라 / 240

[001] 여명

외가에서 자란다오

• • •

시	일	월	년
丁	丁	己	丁
未	卯	酉	亥

사주팔자　논할적에　일주기준　둘러본다
월지궁은　부모형제　가문족보　나타내고

일시궁은　부부자식　본인신상　틀림없다
그대사주　월지酉는　부친님이　틀림없고

己土생을　받았으니　부친님이　귀하구나
그리하나　卯酉충에　모와부친　별부로다

己土조모　酉金부친　찰떡같이　상생하여
나의모친　쫓아내니　이게무슨　말이드뇨

초승달을　뒤로하고　엄마따라　외가가니
외조모가　나를안고　대성통곡　탄식이라

초년고생　한탄하나　필시출세　틀림없어
이다음에　장성하면　의사거나　교수로다

亥관살의　역마인합　외국유학　가보고요
亥卯未합　인수국에　박사득명　하겠구나

亥水관이　남편이라　삼丁壬과　합을하니
장성하여　결혼하면　남편심사　걱정이라

사주 팔언독가(八言獨歌)

15

[002] 여명

존귀지명 남편 대성공시키는 사주

● ● ●

시	일	월	년
庚	丙	己	壬
寅	寅	酉	辰

일락서산   丙火태양   밝은광채   내뿜는데
태양님이   자애로워   높낮이가   없는구나

가을결실   잘도하여   만인간에   베풀지니
조상공덕   물려받은   그대복이   아니겠나

연상壬水   남편님은   酉金님이   상생하고
시상庚金   나의재도   착근하여   복이로다

자식님은   己土인데   丙火생을   잘도받아
명관과마   놓았으니   오복지녀   되셨구려

부친님은   임종시에   객사거나   병원사고
부친님이   사업하여   크게재물   일으켰다

임수남편   좌장하니   무역이나   건축이요
인수봉지   역마하니   그대유학   가봤구나

사주팔자   명조중에   이런사주   별로없고
식상관이   자애로워   남에게도   인정많다

丙일주에   木火앉아   앞이마가   벗겨졌고
뚱뚱한몸   주셨으니   살빼려고   하지마소

〔003〕남명

여자 망신 패가로다

● ● ●

시	일	월	년
辛	辛	壬	丙
卯	酉	辰	戌

辛酉일에　출생인은　일지록근　전록인데
土金다봉　만났으니　신왕사주　아니던가

재관님을　써야함은　사주기초　지식이요
인비태왕　놓을시는　관을써야　한다네요

언뜻보면　재생관살　부귀지명　같사온데
연지丙火　관살님은　상관성에　물러나고

시지卯木　나의재는　비겁성에　축마됐네
술사들은　이를두고　배록축마　사주라네

배록축마　놓은사람　그몇이나　출세하고
재관님이　물러나니　무슨복이　있겠는가

丙火관은　자식이요　卯木재는　부인인데
배록축마　되었으니　나를두고　떠나간다

卯木퇴신　寅木이니　범띠처가　인연인데
도화술잔　기울이다　애인으로　만났구나

寅木처에　의지하다　도화망신　들었으니
범잡으랴　범에물려　그대인생　망쳤구나

사주 팔언독가(八言獨歌)

[004] 여명

좋은 차도 자갈밭은 못 달린다

● ● ●

시	일	월	년
甲	辛	丙	辛
午	丑	申	巳

추월金이　출생인은　신왕사주　되겠는데
木火봉지　하였으니　귀명구조　틀림없다

거류서배　그대사주　천하지권　귀명인데
木火마을　도래할시　명진천하　하오리다

대운추명　작성하여　그대사주　운로보니
木火운은　아니오고　金水운이　오는구려

애석하다　통탄이라　어찌이리　운이없노
천시불여　지리하고　지리불여　인화인데

새갈랑의　높은꿈노　운없으면　못취하고
공자님도　운이없어　곤재진에　굶었잖소

그대남편　영웅호걸　틀림없는　사실이나
자갈밭이　앞을가려　공무원에　그쳤구나

부조간에　각거함은　巳申형에　파극이며
巳午합에　선조공덕　자식대에　다다르니

애석하나　한탄마소　그대자식　크게되니
항우장사　높은기상　그대자식　이루리다

[005] 여명

결혼 몇 번 실패, 해외결혼 안정이라

시	일	월	년
壬	戊	癸	己
戌	子	酉	酉

戊子일에　출생인이　팔월추수　출생인데
천지만국　비가오니　어찌결실　하오리까

상관성이　월지놓아　빈천가문　틀림없고
다형제가　있다하나　성공하기　어렵수다

비겁형제　살지않아　고독지객　되었는데
재성득립　난잡하니　부친형제　배다르다

木성남편　사주없고　극신약에　사주되어
본부해로　하는것은　상상하기　어렵수다

경험지상　戊子일은　백두낭군　모시던데
그대혹시　남편님이　백두거나　연하일세

시봉戊과　과숙살은　결혼실패　몇번이요
밤이불이　냉랭함은　과숙살의　영향이라

酉金자식　생을받아　그자식은　성공인데
戊子일에　신약하여　신경쇠약　걱정이다

물결따라　壬水성은　일본남편　해외남편
국제결혼　하게되니　이것또한　팔자더라

사주 팔언독가(八言獨歌)

[006] 남명

행정가 현처 인연

● ● ●

시	일	월	년
癸	辛	壬	丙
巳	酉	辰	戌

辰月辛일　　출생인이　　丙火태양　　보았으니
삼월달에　　온천지가　　태양으로　　빛이난다

술사들은　　모여앉아　　세덕정관　　이라하고
辰월잡기　　개고하니　　귀인지명　　이라더라

인수성이　　개고되어　　명문대학　　석박사요
일주록근　　하였으니　　큰부자가　　틀림없소

바른마음　　태양보니　　한도시에　　인재구요
바른행정　　펼치나니　　지활모모　　누구신가

출생일에　　음착살은　　외가고독　　나타내고
辛일주에　　土金봉은　　그몸매가　　단단하다

신문지상　　그대이름　　대서특필　　하겠구요
관공서의　　명차운전　　대문앞에　　대령이다

아들둘이　　출세함도　　태양우뚝　　솟음이요
현처행운　　복받음은　　巳火공덕　　아니던가

木火운은　　성공이나　　土金운은　　실패하고
득질혈압　　저승사자　　亥운오니　　노크한다

〔007〕 여명

부친 혈압사

• • •

시	일	월	년
丙	乙	丙	壬
子	未	午	子

오월달에　등나무가　염천지상　불에탄다
壬子水에　샘물얻어　해갈되니　부귀로다

연주인수　조상대에　풍요로운　집안인데
부친님이　패업지상　부친대에　손실봤다

월중상관　하였으니　다형제가　틀림없고
未중乙木　불에타니　형제간에　비명일세

편재부친　일지앉아　불덩이에　타버리니
그대부친　임종시에　혈압뇌사　비명이고

불견관에　복있음은　상관용인　사주인데
무관성에　복있음을　어느누가　아오리까

木火통명　밝은지상　선생님이　되었으니
학원교육　사업하여　치부지명　하옵구요

모쇠자왕　무자식격　인수운이　필요한데
육십평생　水木운에　전생복록　받았구나

丙火태양　아들이라　여름불에　빛이나니
그대자식　가문현적　성명석자　남기리다

〔008〕 여명

자궁 수술

● ● ●

시	일	월	년
辛	癸	戊	壬
酉	卯	申	寅

申月癸일　출생인이　관인신합　되었구나
일주근왕　놓았으니　관에도장　내몸있다

시봉인수　착근하니　천재소리　들었는데
申月癸일　출생인은　미녀지상　되었다네

하늘에선　비가오고　땅에서는　지진나니
卯木씨앗　뿌렸으나　가을추수　어렵구나

편정인수　중중하니　편모양모　있겠는데
寅中丙火　부친님은　역마刑에　파상했다

고모숙부　흉사함도　寅中丙火　파상이요
불연이면　그대부친　틀림없는　사실이라

卯申귀문　웬말이냐　그대몸에　앉았는데
편인식신　싸움붙어　어느누가　승리했나

작은나무　썰어지니　酉金님이　승리인데
卯酉冲을　만난자는　자궁수술　있게된다

그것으로　신경쇠약　남편한테　히스테리
부처같은　그대남편　戊癸합에　공덕이라

〔009〕 남명

미국 이민

● ● ●

시	일	월	년
壬	壬	庚	戊
寅	申	申	申

그대사주　둘러보니　천지만국　역마로다
고향집에　쑥대남은　역마전국　탓이네요

壬水성은　큰바다요　인목성은　비행기라
구름타고　외국가니　그대모친　눈물짓네

寅중丙火　부친님이　파극받아　없어지니
역마성에　파형이라　차사고가　아니더냐

사고날때　그장소는　필시물이　범람한곳
부산이라　수영동이　그장소를　나타낸다

寅중丙火　누구더냐　그대자식　되었으니
寅申형에　파극받아　무자할까　염려되고

寅木이라　설기성이　丙火불이　탐이나니
외국에서　의류사업　성재하려　하였더라

申金성은　검둥이라　나의집에　침범하여
몇번이나　병원신세　수술지액　있었구나

그대에게　권하노니　부디부디　운전조심
폭우칠때　차사고로　비명횡사　두렵구나

[010] 여명

결혼 실패, 재혼하고도 의처증으로 고생한다

시	일	월	년
甲	甲	乙	戊
戌	申	卯	申

연상戊土	중앙토는	큰戊土가	되었으니
그대출생	하였던곳	내륙이나	대륙이라
중앙토에	조상앉아	조상님이	객지생활
이름하여	명문가에	피난가신	분이라오
연일역마	하였으니	외국에도	가보는데
申金이라	누구더냐	남편님이	아니더냐
역마남편	申金따라	국제결혼	하였는데
재생관살	웬말이요	돈대주고	뺨맞더라
귀문관에	남편앉고	재물또한	앉았으니
신경쇠약	알아봄에	서럽기가	그지없다
申金편관	일지앉아	초혼안보	못하는데
재혼해도	암관합이	의처증에	매맞구나
戌중丁火	일지암합	남의자식	키우는데
戌土申金	상생하여	그자식이	속썩이고
밤낮으로	감시함은	戌라망의	탓이고요
후처자리	시집간건	甲申일에	영향이라

[011] 남명

행복지남, 재정계에서 출세한다

● ● ●

시	일	월	년
丁	丁	丁	戊
未	丑	巳	申

사주팔자　감명할때　일지기준　간지라오
그대사주　논해보니　양이하나　음셋이네

외형양은　戊申이요　내부음은　월일시라
음양구비　하였으니　일단좋게　보겠수다

천간에는　三丁봉지　巳월달에　불빛인데
三丁봉지　壬水요합　관인지명　아니더냐

화련진금　申金성이　연지앉아　金局결성
명보석이　탄생함을　어느누가　아오리까

丁火戊土　상생하고　戊土상생　申金하니
이름하여　삼상격에　그대사주　고귀하다

역마성이　연월놓아　외국출입　자유자재
동서남북　남의땅이　내땅이라　말들한다

역마성에　재성앉아　국제연애　하여보고
그속에서　자식잉태　巳申형에　유산이라

현처귀자　두게된건　巳丑申합　공덕이요
금융계에　진출한건　삼상격에　金이로다

[012] 남명

의사

● ● ●

시	일	월	년
~庚	甲	庚	辛
午	午	寅	丑

寅월甲일　출생인이　金火상쟁　하였구나
甲木이라　신약한데　金극木이　겁이난다

庚庚辛살　내몸두고　호시탐탐　노리는데
내몸약해　상대못해　午火더러　부탁한다

이름하여　상관제살　일시火가　담당하니
식신제살　귀명이라　명사주가　아니던가

병약상제　구비하여　일발여진　성공하니
그대이름　존귀하신　명의사의　사주로다

庚金성을　제련함에　신비지종　만드나니
천지사방　종소리가　동서남북　진동하네

다시한번　이르노니　사주庚金　병이되고
午火성은　약이되어　병약상제　하게된다

선대풍요　하였던건　월지건록　함에있고
현처귀자　두게된건　丑寅합한　공덕이며

상관성이　당권하니　아들낳기　어려운데
예쁜공주　삼봉씨앗　어찌아들　부러우리

〔013〕 남명

처자 흉사

● ● ●

시	일	월	년
癸	癸	癸	壬
丑	亥	卯	寅

천원일기　水국놓아　맑고맑은　기상이라
그水기가　木생하여　가상관격　사주로다

월에식상　하였으니　다형제가　틀림없고
亥未합에　그형제가　좋은사이　가지라네

寅중丙火　아내되고　丑중己土　딸이던데
申운오자　寅申형에　파형寅木　아니던가

이사주에　중요한자　寅중丙火　요긴한데
어찌하여　중년申운　나에게로　들어오노

丑寅간에　간손자식　백호가임　앉았으니
申운오니　파형가중　천지간에　불붙는다

丑寅탕화　백호살에　모녀간이　불에타니
대성통곡　이슬비가　밤비되어　흐느낀다

식신생재　하였으니　음식업에　수억치부
사는동네　누구누구　돈벌었다　말하구요

독선적인　그성격은　가상관의　寅卯이고
월건도화　놓았으니　모친조모　이상하다

(014) 남명

객지에서 성공

● ● ●

시	일	월	년
丙	乙	甲	己
子	丑	戌	亥

구월달에　등나무가　그대몸이　되었으니
甲木봉지　염원인데　월지甲木　보았구나

乙일丙子　육을서귀　부귀지명　틀림없어
고위공직　높은자리　지왈모모　손꼽힌다

생년궁에　지살놓아　고향인연　무익하고
일월간에　파형하니　형제흉액　조별하고

맑은심상　丙火태양　구월달에　곡식결실
丑戌형에　신왕개고　부귀지명　곡간이라

乙木이라　내몸인데　甲木봉지　등라게갑
무럭무럭　잘도타니　귀인도움　있겠구나

시봉상관　하였으니　아들낳기　어려운데
예쁜공주　한분인들　열아들이　부럽겠나

상관생재　귀명이라　태양으로　자애하니
한도시의　행정가로　이름높이　나오리다

부부지간　丑戌형에　고독지객　틀림없고
그처수술　자궁이라　애기집이　탈이난다

[015] 남명

자녀 실종, 가출

시	일	월	년
癸	辛	壬	甲
巳	亥	申	午

申월辛일　출생일은　신왕사주　되겠으나
水木火가　태왕하여　신약사주　되었구나

상관견관　싸움하니　흉화백천　사주인데
이네몸은　신약하여　중심잡기　어렵더라

상관견관　싸우다가　상관성이　승리하고
관살님은　항복하여　그만백기　들었다오

관살님은　누구더냐　그대자식　되었는데
역마성에　충살받아　그만집을　떠났구나

巳중戊土　모친님은　불구질병　흉액이요
그런일이　없게되면　일찍모친　흉사로다

중봉조모　모셔본건　식상관의　혼잡이요
辛일주가　신약하여　신경쇠약　앓아봤다

초혼환경　불우하여　못배운것　설울진대
일지라망　나를감아　포승줄이　문앞이라

월일시에　역마성은　천하유랑　지객이요
물결따라　흘러흘러　만경창파　떠돌더라

[016] 여명

노처녀

● ● ●

시	일	월	년
己	丙	癸	丁
丑	戌	丑	未

엄동태양　　동일가애　　사랑스런　　불길이나
월시丑土　　태양회기　　불꺼질까　　두렵구나

상관성은　　천지만국　　당권하고　　앉았으니
남편되는　　癸水성은　　상관성이　　두렵다오

합하려다　　뇌봉전별　　벼락같이　　이별하니
떠날때는　　냉혈동물　　뒤돌아도　　안보더라

전화한통　　주고가지　　어찌무정　　이별이냐
월지상관　　하였으니　　다형제가　　틀림없고

형제무덕　　하는것은　　상관형파　　탓이구요
조모님이　　두분인건　　식상봉지　　다봉이고

부모불화　　이별한건　　인수파극　　탓이온데
어찌하여　　그대에게　　그업보가　　다시드냐

모쇠자왕　　하였으니　　자식낳기　　어렵구요
결혼하면　　필시이별　　타생자식　　부양하리

엄동태양　　그리워서　　옷가게를　　하겠으니
그대천직　　되었으니　　이직생각　　하지마소

[017] 남명

외국에서 근무

● ● ●

시	일	월	년
癸	丙	庚	甲
巳	午	午	辰

午월달에　丙火태양　천지만국　비추는데
염천지상　더운기운　불덩이가　피는구나

辰土봉지　양금지토　庚金성을　생하나니
庚金성에　정이끌려　재정계로　진출한다

庚金성은　천간역마　환원사주　기본원리
역마따라　해외가니　해외근무　아니던가

천간역마　甲庚丙은　천하유랑　역마인데
이리보나　저리보나　해외지객　틀림없다

巳중庚金　뿌리있어　재물복도　든든한데
식신생재　행운이라　행복지남　되었네요

식신생재　처자하니　현처귀자　두게되고
癸록재子　辰중봉지　자식들도　성공이라

부친님은　살지않아　임종병은　혈압뇌사
모친님도　임종시는　간경화에　핏빛이라

辰土봉지　요긴하니　辰土공덕　귀명하고
조모님과　장모님이　죽어서도　도우리다

31 사주 팔언독가(八言獨歌)

〔018〕 남명

공장 경영, 행복지남

시	일	월	년
庚	辛	乙	庚
寅	亥	酉	子

酉월辛일　출생인이　천원일기　金이라네
금수쌍청　맑은기운　추수통원　아니더냐

金水木에　삼상격은　부귀지명　틀림없고
월지비겁　하였으니　다형제에　부친패가

寅亥합木　건왕이라　재물복이　합결하니
처만나고　재물신이　매일매일　찾아온다

귀한아들　출생함은　寅중丙火　틀림없고
자식자리　자식앉고　甲木생을　받는구나

상관이라　자식상타　모두말을　하지마는
그대에겐　언어도단　삼상격의　공덕이라

亥寅역마　일지앉아　해외만리　다녀보고
역마임재　놓았으니　외화획득　하여본다

장모님을　근접봉양　일지상관　탓이구요
조모장모　높은음덕　그대에게　내려온다

초년고생　많았으나　결혼후에　성재함은
그대사주　寅亥합木　그공덕이　아니던가

〔019〕남명

해외 득자, 재혼

● ● ●

시	일	월	년
壬	癸	辛	己
戌	未	未	酉

더운여름　이슬비라　염천지상　고갈되니
壬水따라　떠다니니　그대살길　아니더냐

시지壬수　착근역마　환원사주　기본이니
그대사주　역마따라　유랑생활　하오리다

관귀중중　하였으니　자식낳기　어렵구요
물결따라　떠다니다　해외혼혈　득자로다

壬水亥역　나를살려　배타고서　대양육주
많은고기　잡는배에　기관사가　틀림없다

일시형에　재혼이라　이쁜색시　만났으나
형파재고　나를치니　이별생활　청춘이네

壬록재亥　하게되니　辛亥생이　아내이고
이슬비에　맑은지상　법없이도　살겠구나

더러더러　수술한건　未戌형에　위장수족
급각살이　봉지한자　팔다리가　쑤시노라

이다음에　노후에는　가정생활　편할지니
水운오니　나를도와　용신보조　공덕일세

[020] 남명

공금횡령, 감옥감

시	일	월	년
丁	甲	癸	辛
卯	戌	巳	巳

더운여름　甲木이라　卯중乙木　착근하나
신약사주　되는것은　틀림없는　사실이라

천간에는　癸水문서　인수성이　되었으니
甲木이라　인수문서　호시탐탐　탐이난다

巳戌라망　위에앉아　라망살에　문서구요
편재성이　일지하니　부정재가　탐이나네

문서조작　부정재물　공금횡령　되었으니
악운에는　그것으로　포승줄이　기다린다

일시편재　하였으니　본처해로　어렵구요
딸자식만　두게된건　상관성이　첩첩이라

시상상관　놓았으니　이리봐도　월명눈물
상관성이　관을치다　내가되려　당했구나

여형제가　재혼함은　卯중乙木　다합인데
자식낳고　그형제도　줄행랑을　쳤는구나

부친님이　작고할땐　혈압이나　뇌출혈병
자식중에　수족이상　급각살에　상관이라

〔021〕 여명

연애결혼

● ● ●

시	일	월	년
甲	甲	乙	戊
戌	午	卯	申

| 卯월甲일 | 신왕이라 | 우뚝솟은 | 나무로다 |
| 목화통명 | 빛이나니 | 천재소리 | 들으셨소 |

| 戌土재가 | 우뚝솟아 | 부잣집에 | 시집가고 |
| 자식들이 | 대성함은 | 일지午火 | 빛이라오 |

| 시봉천문 | 놓았으니 | 인품중후 | 대자대비 |
| 형제간에 | 출세함은 | 월지乙木 | 착근이라 |

| 연지관살 | 남편인데 | 관인성이 | 동주했네 |
| 관인성이 | 동주하면 | 스승님이 | 나의애인 |

| 卯申귀문 | 소란이라 | 온동네가 | 염문인데 |
| 그대에게 | 천연인걸 | 그누구가 | 아시리까 |

| 申金성이 | 생을받아 | 남편님이 | 출세하고 |
| 박사득명 | 하게되어 | 가문현적 | 빛을낸다 |

| 申중庚金 | 다乙합은 | 무슨뜻을 | 나타내며 |
| 卯申귀문 | 영향받아 | 신경쇠약 | 두렵더라 |

| 풍류남편 | 모시는걸 | 좋게생각 | 하시옵고 |
| 그대업장 | 갚는것도 | 이승에서 | 할일일세 |

[022] 남명

해외결혼

● ● ●

시	일	월	년
戊	庚	乙	辛
寅	戌	未	丑

未月庚일	출생인이	土金성을	다봉하니
신왕사주	되는것은	격국용신	기본이라
정재乙木	辛金파극	하늘에서	없어지고
未중乙木	丑未형에	땅에서도	없어진다
남은것은	寅木이라	역마성이	그임하니
역마임재	일주합은	해외여인	아니더냐
중앙土가	寅합하니	중국여인	틀림없고
예능계의	여인이니	중국발레	무용수라
역마관실	임징하니	귀한아들	출신하고
戌중丁火	공주님은	이쁘기가	그지없다
丑戌未에	잡기재관	개고되어	투출하니
기술성에	재물이라	공장기술	뛰어나다
정재성에	백호살이	월지자리	하였으니
고모숙부	비명횡사	틀림없는	사실이고
寅木재에	다봉土金	무얼상징	하는건지
어찌하나	운명인걸	한눈감고	사시구려

[023] 여명

통역관의 여인이라

• • •

시	일	월	년
己	辛	辛	己
亥	亥	未	亥

未월辛일 출생인이 土金水에 삼상인데
음통으로 되었으니 밤이슬이 차가웁다

지살역마 중중봉은 해외만리 인연있고
인수성이 일지합은 배운여성 아니던가

편인성이 일지합은 외국어에 능통인데
상관생재 하였으니 언변유능 타고났다

상관생재 하는여성 인정또한 너무많아
집안곡간 마다않고 남에게도 열어준다

베풀수록 재물불어 풍요지명 되겠구요
음식장맛 너무좋아 온동네가 칭찬이라

식상관이 발달하여 그유방이 방대하고
작은몸매 단단함은 辛일주에 己土로다

식상암관 하였으니 일차결혼 실패하고
재혼하여 안정하니 왕후장상 득자로다

그자식이 가문현적 길이길이 빛낼지니
부디부디 잘키워서 동량재목 만드소서

〔024〕 남명

동량재목 되셨구나

● ● ●

시	일	월	년
己	丙	癸	己
丑	寅	酉	丑

酉월丙일　출생인이　이내몸은　태양이라
밝고밝은　그향기가　온천지를　비추노라

가을결실　잘도하여　오곡백과　결실인데
일주인수　반가워서　용인격의　사주라오

木火운이　도래하면　출세함이　천지이치
평생목화　운세하니　반갑기가　그지없다

寅목이라　역마성이　이내몸에　앉았으니
인수역마　놓은사람　외국유학　아니더냐

일지상관　흉타마소　이사주는　아니온데
丑酉합금　癸水생해　귀자득자　틀림없고

丑寅합에　장모님이　이내몸을　도와주니
친모장모　서로서로　화애롭기　그지없다

명문가에　출생함은　월지재관　공덕이요
대자대비　넓은품성　丙화태양　존귀더라

인수성에　용신하여　나라문서　도장찍고
고위공직　출세함을　어느누가　부인하랴

〔025〕 여명

차사고로 비명이다

시	일	월	년
癸	己	丙	丁
酉	巳	午	未

午월염천	전원밭에	태양빛이	뜨겁구나
곡식이라	못자라니	어찌씨를	뿌리리까
인수성이	다봉하니	중봉모친	양모서모
부친무덕	하는것은	인수태왕	재약이라
비겁형제	암장하여	숨은형제	있겠구요
총명유학	하였던건	일지인수	역마로다
교직생할	하는것은	시지문창	용신이요
巳酉합금	용신건왕	재물복은	있소이다
金水운은	천금만복	木火운은	재난질액
어찌하여	그대에게	庚戌대운	봉지더냐
庚戌대운	戊寅년에	천지염화	불덩이다
寅巳형에	巳火이탈	酉金고립	되었으니
의지하던	巳酉金은	어느곳에	가있느뇨
불덩이가	상승하니	열받아서	차를몬다
삼십일세	戊寅년에	태양빛에	한낮인데
巳火역마	寅巳형에	황천행차	타셨구나

사주 팔언독가(八言獨歌)

〔026〕 남명

화상으로 몇 번 수술

● ● ●

시	일	월	년
辛	己	壬	癸
未	丑	戌	丑

戌월己일 출생인이 연약지土 되었으나
未중己土 착근하여 신왕지객 사주로다

己土일주 중앙놓고 辛壬성이 길을막아
서로서로 통관못해 기식불통 사주라오

연월성에 백호살은 癸丑壬戌 되었는데
고모숙부 자리앉아 비명지객 되었구나

사주난전 지지刑이 연월일시 지진풍파
이리저리 刑을하여 상처뿐인 몸이로다

일지丑은 무엇이냐 탕화살이 분명한데
未戌형이 가중하여 불덩이가 덮쳤다네

未中丁火 戌中丁火 작은흙에 불꽃이요
연탄불이 피어올라 그대얼굴 덮쳤다오

어린아이 기어가서 화록독에 얼굴대니
탕화신이 불꽃되어 회희낙락 하는구나

부친님이 암장착근 부잣집에 자녀인데
월지개고 하였으니 의식에는 걱정없다

연구

이 사주는 丑 탕화살이 刑하여 신생아 때 얼굴에 화상을 입어 대수술을 몇 번이나 한 사주다. 그러면 이 문제를 명리학으로 한 번 자세히 풀어보도록 하겠다.

어째서 화상을 입어도 얼굴에 입었느냐와 왜 하필 연탄불에 얼굴만 상했느냐를 과연 어떻게 알 수 있느냐의 문제다. 먼저 얼굴에 관해 설명하면 己土는 연약지 흙인데 인체에는 피부를 상징하기도 하고 비위를 상징하기도 한다. 그런데 己土의 연약한 피부, 즉 얼굴이 비록 未戌丑에 근하였다고는 하나 그 지지의 흙은 전체가 刑이 되어 파형지흙, 즉 흙을 들쑤셔 놓은 형태의 사주이다. 앞에서도 말하였지만 얼굴은 흙인데 즉 피부인데 지지의 근원이 파헤쳐지고 시지의 辛金이 그 흙을 깎아 내리고 있으며 월간에 壬水가 다시 그 흙을 흔들고 있는 그림이다. 또한 일지는 丑 탕화살을 놓았는데 탕화살에 未戌이 가중하니 화상을 당했다는 것은 간단하게 알 수 있는 문제이다. 그러나 중요한 것은 未중에는 丁火가 있고 戌中에도 丁火가 있다. 즉 흙 속에 작은 불이 있는데 이는 未는 土요, 戌도 土인데 土 속에 작은 불은 무엇을 상징하는가. 이는 꼭 연탄불 구멍에 작은 불이 살살 피어오르는 그림과 똑같다. 고로 연탄불을 상징하고 다음 그 연탄불을 이리저리 刑을 치니, 즉 굴리니 그 연탄불이 내 몸을 이리저리 굴리는 것과 진배없다. 따라서 연탄불이 내 몸에 덮쳤다고 보는 것이다.

다음 왜 신생아가 기어가서 하필 연탄 화덕에 얼굴을 박고 있었느냐의 문제를 한번 추리해 보도록 하겠다. 이는 신생아란 답은 이 분의 대운을 보면 4대 운인데 辛酉 庚申으로 나가니 분명 그 운은 아니겠고 다시 생각해 보니 癸丑년 다음해는 甲寅년이 들어오는데 甲寅은 탕화 가중해. 고로 탕화살이 극적으로 피어오르는 해는 대운 이전에는 甲寅뿐이니 신생아가 되는 것이다.

[027] 남명

형제가 비명 차사고라

● ● ●

시	일	월	년
癸	丙	庚	辛
巳	申	子	巳

子월丙일　출생인이　巳火록근　하였으니
金水태왕　하지마는　꺼진불은　아니라오

정편재가　혼잡하니　이복숙부　있게되고
인수성이　무봉하니　모친님이　안보인다

巳申역마　앉았으니　해외만리　나가보고
재성궁에　역마하니　외화허리　차는구나

역마임관　형을받아　혼혈아가　유산이요
재다신약　놓았으니　재혼하여　아들얻네

巳申형에　형살이라　수술지액　있사온데
추운겨울　눈보라에　차사고가　두렵구나

巳火형제　파형받아　형제또한　횡액인데
申년이나　寅년오면　대화흉사　겁이난다

초혼악처　만난것은　재다신약　탓이온데
일시형에　이별하고　그처외국　떠나구나

未巳午운　도래하면　천금만금　성재컨대
잠시한때　악운일랑　즐기고서　사시구려

[028] 남명

자식 요사

시	일	월	년
己	丁	癸	壬
酉	卯	丑	午

사주팔자　추리할때　월지기준　일지라네
천자간을　둘러보고　사주감정　하여보세

丑월이라　丁火봉은　동일가애　등불인데
천지간에　비바람이　눈보라로　바뀌누나

일지丁火　연약한불　午火만나　근을하고
卯木생을　받았으니　木火운에　성공한다

壬癸水는　병이되고　火土봉지　土약이라
壬癸水는　자식이요　丑土봉지　식상이라

壬癸水가　살아나면　나는동사　염려되나
壬癸水가　없어지면　丁火촛불　살아난다

얄궂은게　운명인가　어찌자식　상전하노
억기억자　위용신을　이를두고　한말인가

그대이름　방방곡곡　누구라면　다아는데
그대이름　남으로써　자식보존　어렵수다

추운겨울　백호살이　그대자식　잡아가니
탕화신이　춤을추며　염라대왕　동주더라

[029] 여명

처녀 임신

• • •

시	일	월	년
丁	癸	庚	丙
巳	卯	寅	午

寅월癸일　출생인이　천지만국　木火하니
아우생아　틀림없어　木火운에　성공하리

癸水무근　庚金무근　인수용신　아니되니
사주팔자　감명할시　요리조리　둘러보소

卯도화가　일지앉아　식상도화　하였으니
그대조모　후처재취　틀림없는　사실이고

월지상관　하였으니　다형제가　틀림없고
인수모친　다재봉은　후처거나　재취로다

관식동임　합신하니　처녀몸이　애기배고
연애결혼　하였지만　재생관살　틀림없다

식관일합　암장합은　미가규녀　포태하고
결혼전에　득자함이　그대사주　아니던가

癸水성은　신진지상　개화여인　되었는데
보수남편　신랑이라　불평불만　많게된다

도화식상　혼잡하니　타생자손　인연이요
불연이면　이곳저곳　양성받이　득자하네

[030] 여명

애기 낳고 산망(産亡)

● ● ●

시	일	월	년
壬	戊	癸	乙
子	申	未	亥

未월戊일　신왕이라　金水木에　사주변해
신약사주　되었으니　일지보존　어렵다네

壬水투출　子申合水　섬마을의　연약지흙
壬癸파도　비바람이　호시탐탐　노리더라

亥未합은　木국이요　乙木남편　당당한데
천지간에　木살국이　나를공격　하는구나

木살국은　남편이요　申金성은　자식인데
이내몸은　물위에서　둥실둥실　떠다닌다

정편재가　다재하여　초년부친　작고인데
未중丁火　인수성은　壬水따라　가버렸다

戊癸합에　연애결혼　백년살자　맹세하나
자식득자　하게되면　횡액지사　틀림없고

가끔가끔　추리할때　戊일신약　횡액인데
그대사주　戊일신약　횡액지상　틀림없소

木살국은　남편이요　申金성은　자식이니
자식출산　하자마자　황천열차　타는구나

[031] 여명

남편이 도망갔다

• • •

시	일	월	년
戊	甲	丙	甲
辰	辰	子	午

子월甲일　출생인이　丙火태양　보았으나
子午충에　午火꺼져　허실한불　아니겠소

양통팔자　음통팔자　어찌하여　좋다느뇨
그대사주　양통팔자　독수공방　아니던가

무관이라　독수공방　말하는건　사실인데
일시간에　공망살은　독수공방　틀림없소

그대성격　甲木이라　똑똑하고　고집세어
그대남편　그것으로　그대방에　안든다오

애교많은　여자찾아　남편님은　떠나구요
긴긴밤을　홀로하니　생과부가　아니더냐

부조간에　각거한건　연월충한　탓이구요
자식봉양　하는것은　丙火태양　존귀로다

시모님을　모시는건　일지재성　탓이구요
모친님께　효도함은　子辰합水　영향이라

壬申운이　도래함에　태양빛이　꺼지더니
종일분주　고환빈에　의식걱정　많았구나

〔032〕여명

초년 과부

시	일	월	년
甲	丁	乙	甲
辰	酉	亥	午

亥월丁일　출생인이　천간甲을　봉지하니
맑은촛불　빛을품어　유품인격　되었구나

인수성이　혼잡하니　편모양모　있게되고
금황수저　하였으니　일찍부친　작고더라

부성입묘　웬말이냐　甲辰백호　부성입묘
남편님이　객사하니　초년과부　아니더냐

자식낳자　남편님은　황천열차　타게되고
申운오니　子辰水에　남편님이　떠났구나

亥水성이　甲木살려　해운수산　성재컨대
乙木이라　천간앉아　가는고기　곰장어라

시모봉양　효부됨은　일지재성　영향이고
큰부자가　못되는건　금황수저　탓이로다

음식솜씨　남다른건　식신생재　공덕이요
역마성에　인수있어　먼곳타향　시집왔네

순환상생　되었다고　좋은팔자　말을말고
두루두루　둘러봄이　사주지혜　아니겠소

[033] 남명

정부 요직 근무

시	일	월	년
甲	辛	辛	辛
午	未	丑	卯

丑월이라　엄동설한　차가워진　辛金인데
午火봉지　하였으니　밝은보석　되었구려

그대사주　평을할때　재자약살　명을잡고
午火등불　키를잡아　사주감정　해야되오

엄동지한　丑시야반　등불밝게　비춰나니
만인간의　위에앉아　호령하는　사람이라

살화위권　편관성이　甲木생을　잘도받아
결혼하자　승승장구　명진사해　아니더냐

자식이라　午火성은　겨울땅에　동일가애
그자식이　대를이어　명진사해　하오리다

甲木이라　환원하니　寅木으로　변하는데
역마성이　寅木이라　외국유학　가봤구요

寅木재성　寅午합에　해외재물　취합인데
인수성이　개고하여　나라문서　다스린다

천간성에　三辛합은　丙火태양　당겨오니
이다음에　자식님이　연애하여　속썩인다

[034] 남명

고생 끝에 낙이 온다

시	일	월	년
丁	乙	壬	丁
亥	亥	子	酉

乙木이라　子월출신　亥중甲木　착근하니
이름하여　부목이라　겨우겨우　막았구나

시상丁火　설기하여　가상관에　득명인데
어찌하여　金水운이　초중년에　도래하노

고생고생　하였다가　丁未丙午　운이오자
일발여진　성공하여　옛말하고　사는구려

인수성이　다봉하니　서모또한　모셨구요
일자흉사　실패봄은　물에빠진　酉金이고

유산하다　없어지면　그나마도　다행인데
불연이면　중간실패　酉운탓을　하십시오

조모님이　풍질환자　장모님이　풍병질액
丁火봉이　꺼지나니　식상봉지　丁火구요

눈시력이　나쁜것은　엄동丁火　탓이구요
가끔가끔　신경통은　水木태과　영향이라

형제간에　익사알콜　亥중甲木　영향인데
역마봉지　인수하여　천재소리　들었구나

(035) 여명

국제결혼

● ● ●

시	일	월	년
甲	辛	癸	丙
午	巳	巳	午

巳월辛일　출생인이　천지만국　관합이라
유부녀가　어찌하여　이리남편　많이있노

辛일생이　다丙합은　암합남편　틀림없어
가정으론　불미하니　결혼생활　불만이다

역마성이　일주앉아　외국남자　결혼인데
巳중戊土　동주하니　중국에서　시집왔다

불연이면　해외결혼　틀림없는　사실인데
종살따라　몸이가니　남편따라　전전이다

癸水자식　늦자하나　성공하기　어려운데
불덩이에　이슬비가　그대자식　아니던가

월지역마　앉았으니　부모님도　타향이고
일지역마　앉았으니　친정멀리　결혼한다

재생관살　놓은여명　남편출세　시키는데
남편님이　인자한건　태양신의　공이로다

일지합에　상생하니　이혼불가　사주고요
辛金성이　제련되어　양귀비의　미모로다

〔036〕 남명

모그룹 대표이사

• • •

시	일	월	년
己	己	壬	甲
巳	酉	申	申

연월에는   양이앉고   일시에는   음이라네
음양구전   하였으니   사주귀격   이루었다

己土일주   연약한몸   상관따라   없어지고
巳酉金국   하였으니   金水국이   당권했네

이런사주   추리할때   아우생아   필히알고
모든기가   壬水가니   종재격이   아니던가

상관식신   다봉하니   중봉조모   있게되고
형제간에   고독한건   己土허약   탓이로다

역마성이   일주합에   외국유학   가봤구요
인수역마   놓았으니   고등학자   박사더라

정재성에   종재하여   결혼하고   명진천하
한기업에   대표로서   이사소리   들었수다

자식궁이   상생하니   효자자식   두었는데
巳申형에   형권주어   의사거나   판검사라

고운심성   간직한건   己土일주   영향이요
맑은지혜   재물됨은   壬水지공   힘이로다

〔037〕 여명

애기 낳고 살다가 도망

• • •

시	일	월	년
己	丁	己	辛
酉	巳	亥	亥

양통팔자　음통팔자　음양부조　난발하여
밤낮으로　음기발동　그대사주　되었구려

亥월丁일　출생되어　양귀비의　미모지만
도화꽃에　나비드니　어찌마다　하오리까

고란살에　신약이니　중심잡기　어려운데
亥중壬水　남편님은　연월지에　자리했네

丁壬합은　색욕지합　음기발동　못참으니
야반도주　정을통해　자식새끼　버렸구나

金水봉에　양귀비를　어느누가　마다하며
공주병에　시달리니　그대앞날　걱정된다

부친님도　작첩바람　그대집안　내력이요
형제간에　사고남은　巳亥충파　탓이로다

암식투식　일지합에　이곳저곳　자식이요
불연이면　타생자손　키워봄이　있으리다

비위약해　신음이요　눈시력이　약할진대
심장병이　발동하면　부디부디　조심하소

〔038〕 여명

재혼열차 타셨구려

● ● ●

시	일	월	년
癸	辛	辛	辛
巳	酉	卯	丑

卯월辛일　　출생인이　　천간三辛　　봉지로다
卯木씨앗　　자갈밭에　　어찌씨를　　뿌리리까

천지간에　　자갈무덤　　큰바위로　　변하려니
卯木재물　　파종못해　　결실추수　　어렵다네

巳火남편　　꺼져있고　　합화되어　　소멸인데
辛酉일에　　출생하여　　중인첩의　　사주라오

巳中丙火　　나의남편　　암요합에　　다쟁하니
일부종사　　한다는건　　지극하나　　어렵수다

남의자식　　키워봄은　　음양차착　　영향이요
살다가도　　집나온건　　巳역마의　　영향이라

巳酉합에　　다형제도　　큰재물이　　어려운데
형제들도　　불발하여　　그사이가　　안좋구나

상관견관　　싸움하니　　흉화백천　　사주인데
어느곳에　　치중한들　　이내마음　　편할손가

재물신에　　수옥있어　　돈문제로　　망신인데
丑중癸水　　자식이라　　재혼자식　　되었구나

[039] 여명

자식 한 명 요사

● ● ●

시	일	월	년
丁	甲	壬	壬
卯	午	寅	寅

寅월甲일　출생인은　신왕이라　말을하고
연월일시　水木봉에　극신왕의　사주라오

신왕신약　구별함은　사주기본　이치인데
그대사주　논해보니　가상관이　틀림없소

목화통명　하였으니　밝은지혜　빛이나고
만인간의　스승으로　구변활인　하는구나

연월간에　인수성은　두모친이　틀림없고
비겁혼합　놓았으니　이복형제　있으리다

午火자식　사지않고　정월달에　촛불인데
호시탐탐　壬水성이　노려보고　있는구나

대운봉지　子운오니　子水합세　午火끄고
더운여름　하동냇가　물귀신이　잡았구나

온친척이　둘러앉아　오순도순　얘기하다
바위위에　떨구어서　그만자식　보냈네요

만약다시　득자하면　그자식은　대성인데
부디부디　子운피해　애기출산　하시구랴

[040] 여명

시집 식구 돈 가져감

● ● ●

시	일	월	년
己	庚	壬	壬
卯	子	寅	寅

寅월庚일　출생인이　뿌리없는　돌덩이라
식신생재　그대사주　종재격이　틀림없다

식상태왕　하였으니　자식낳기　어려운데
겨우겨우　일자자식　천고만고　득자더라

모쇠자왕　사주되어　자식득자　어려운데
종재격에　득자함을　고맙다고　생각하소

식상간이　혼잡하니　중봉조모　있게되고
편정재가　혼잡하여　두시모를　모시리다

자식성이　득자하면　그자식은　대성하고
형제간에　고독함은　無金봉지　탓이라오

寅중丙火　남편님은　寅木에만　관심있어
밤낮으로　돈달라고　이내몸을　괴롭힌다

寅木성은　시모구요　시모님이　남편봉양
다락방에　홀로앉아　탄식세월　보내는데

음식영업　모은재산　남편시모　다주어도
좋은소리　못듣는건　재생관살　탓이라오

(041) 여명

남편 자살

● ● ●

시	일	월	년
戊	丙	己	庚
戌	辰	丑	戌

엄동이라　丑월생이　꽁꽁언땅　태양인데
辰丑土에　태양회기　그믐날에　태양이라

저문태양　속절없어　불씨살려　보려해도
서산노을　운동장에　어찌광명　비추리까

남편잡는　상관성은　온천지에　진격하고
辰중癸水　남편님은　자식나면　파상된다

辰戌충은　라망이라　철사줄이　틀림없어
철사줄로　목을감아　세상하직　하는구나

丙火착근　寅木하니　역마성이　되었는데
木火오행　필요하여　옷장사에　노점이라

상관태왕　관부족은　자식득자　이별함은
사주선생　일권에다　기재하지　않았던가

상관식신　첩첩하니　이곳저곳　득자컨대
그대사주　모쇠자왕　득자하기　어렵나니

예쁜공주　금옥취급　부디부디　잘키우고
남의자식　인연주면　싫다말고　키워주소

[042] 여명

외국 남자와 결혼했으나 상부

시	일	월	년
癸	丁	壬	癸
卯	未	戌	卯

戌월丁일　출생인이　하늘에는　비가오고
천둥번개　몰아치나　소낙비가　틀림없다

壬水착근　亥水역마　국제결혼　남편인데
戌중辛金　亥水밀어　미국남자　아니던가

연월일시　천간水는　뿌리없는　남편인데
壬戌백호　혈광지신　파형되어　없어진다

未중己土　딸자식은　남편잡는　오행이요
딸자식이　득자하자　비명횡사　하였구나

사막밭에　모래흙이　이슬비를　잡아가니
심장이나　혈압사로　그대남편　떠났수다

인수성이　역마합은　해외유학　상징인데
亥卯未합　亥水성은　역마인수　요합이라

처녀시절　부정포태　亥卯未합　원인이요
교육사업　하는것은　亥卯未합　공덕이라

양모서모　모셔봄도　다봉인수　영향인데
후처소생　되는것은　卯도화에　인수더라

〔043〕 남명

자식 익사

● ● ●

시	일	월	년
~ 庚	壬	己	辛
子	子	亥	丑

亥월壬일　출생인이　천지만국　파도로다
엄동설한　호숫물이　물결따라　출렁이니

그대사주　논할적에　윤하격에　키를잡고
요리조리　둘러봄도　사주묘미　아니겠소

비겁겁이　연좌하니　이복형제　있겠구요
월지비겁　하였으니　다형제에　고독이라

그대집안　빈천지객　틀림없는　집안이요
인수엄마　살지앉아　나를두고　떠났구나

양모서모　모서봄도　그대운명　일지언데
어찌하여　결혼하자　부모팔자　그리닮노

재취삼취　하여봐도　부인간직　어려운데
천금같은　자식님은　호수물에　뜬흙이라

水살국이　파도칠때　토끼자식　휩쓸리고
용왕님이　데려가서　다음생에　주신단다

세상풍파　많이겪고　이승업장　닦으며는
다음생은　복을받아　잘살지를　누가아리

〔044〕남명

자녀 익사

• • •

시	일	월	년
庚	庚	癸	壬
辰	辰	丑	辰

엄동이라　구름속에　세마리의　용이로다
용래용토　수중앙이　그대사주　되었네요

土金水로　삼상격이　고귀지명　되겠으나
자손지액　있는것은　어찌할수　없더이다

辰운오자　네용신이　서로다퉈　승천싸움
세용신만　승천하고　한용신은　떨어졌다

상관성이　첩첩하니　중봉장모　조모구요
암합재가　합을하니　천하여인　품이로다

인수성이　혼잡하여　양모서모　모셨구요
삼상격에　재물신이　나를좋다　따르노라

壬庚庚은　착근역마　외화획득　하여보고
壬水성에　기취감궁　수산이냐　공업가냐

가상관에　인수운은　필경지사　틀림없어
이다음에　未운오면　부디부디　조심하고

午未운이　도래할시　관재송사　문앞이니
호운올때　돈모아서　행복말년　보내시소

[045] 남명

자녀 실종

• • •

시	일	월	년
戊	庚	辛	癸
寅	申	酉	卯

酉월金은　강철이라　丙丁火에　존귀한데
그대사주　무火되어　상관생재　하오리다

그리해도　왠지껍껍　다시한번　둘러보니
卯木성은　酉金파극　寅木성은　申金파극

이제다시　추리하니　그리해도　상관생재
그런대로　격을잡고　사주한번　풀어보자

비겁성이　연좌하니　이복형제　있겠구요
편재성이　파형받아　부친객사　집안이라

寅木처는　역마앉아　부부지간　이별인데
자식득자　하자마자　부부간이　짝갈렸네

역마처는　해외하니　그부인이　외국가고
寅중丙火　자식님도　역마성에　앉았구나

역마임관　형충지살　자녀실종　많사온데
그대사주　어찌하여　이문구에　드는가요

아내에게　맡겼으면　실종만은　면할진대
그대품에　안고있다　그만자식　곁에없네

〔046〕남명

자식 흉사

• • •

시	일	월	년
乙	己	庚	甲
丑	未	午	申

사주팔자   추리할때   천지간을   둘러본다
강약조화   가려보고   추명함이   묘법이라

午월己일   신왕하여   庚金으로   설기하니
가상관격   놓았으니   金水운에   발복한다

그대사주   대운좋아   부귀지명   틀림없고
金水마을   지날때에   수천금이   곡간이라

연지역마   놓았으니   고향에는   인연없고
월지인수   공부천재   명석하기   그지없다

甲木자식   살지않아   보존하기   어려운데
역마살지   申金성에   차사고가   두렵구나

乙木자식   파형되니   이리봐도   불안한데
酉운오니   파형지木   차사고로   귀림이라

戌일火국   염천지화   동식서숙   생활이요
일시간에   丑戌형은   부부이별   아니더냐

인수성이   午未합에   모친님이   현숙한데
부친님은   인연없어   모가혼자   키웠다네

[047] 남명

효자라고 좋다 마소, 처에게는 곤욕이라

● ● ●

시	일	월	년
乙	辛	壬	癸
未	卯	戌	丑

상관인수　월지앉아　묘한가문　출생하니
길이더냐　흉이더냐　이것또한　어렵구나

상관성은　패가지만　인수성은　길명하니
그대족보　논해보면　개천에서　용났구나

인수성이　연월시로　당권하여　자리하니
그대이름　지왈모모　교수라고　말하더라

일지편재　앉았으니　재혼하는　운명이요
인수태왕　모친치중　효자되어　재혼이라

부부지간　중화지도　모친형제　편중하여
처자식을　버리나니　교수인들　무엇하랴

매일매일　본처에게　돈대달라　치중함은
재록도화　일지앉아　돈에욕심　때문이라

식상장모　재를생해　장모보면　돈탐하고
인수당권　모친님은　장수당권　권세더라

壬水역마　착근하니　해외유학　가봤구요
庚辛일주　인수봉은　공대교수　많이봤네

[048] 남명

장모가 사위 쫓아냈다

• • •

시	일	월	년
丙	癸	乙	己
辰	卯	亥	酉

亥월癸일　출생인은　신왕이라　말을하나
亥卯합에　丙乙己투　신약사주　되었다오

丙火태양　홀로앉아　독수태양　자랑하나
酉봉丙火　태양하니　일락서산　아니더냐

일태양에　다봉木이　서로서로　다투나니
상생법이　원리라서　木에게로　치우친다

丙火태양　나의아내　나보다는　장모좋고
식상간이　당권하여　장모님이　득세로다

식상간이　일지앉아　장모봉양　하였으나
도화장모　소실장모　기세등등　큰방이라

연지酉는　나의모친　모와장모　불화인데
서로서로　불화하다　그만짝이　갈렸구나

辰土자식　의지하여　丙火기운　잡을래도
卯辰합에　적군되니　나의마음　속상하네

긴긴밤을　홀로앉아　탄식세월　한탄하나
신약하여　용기없어　말한마디　못하더라

[049] 남명

나의 모친이 처를 쫒아냈다

시	일	월	년
己	乙	癸	癸
卯	卯	亥	丑

월지역마 하였으니 고향에는 인연없고
연월합에 다정하여 부조간에 평온했다

일월간이 합을하니 부모형제 합을하나
인수성이 연좌하여 양모서모 있으리다

비견겁합 합을하니 이복형제 있겠구요
편재성이 다극되어 부친조별 하였도다

부친형제 비명횡사 연지백호 탓이구요
탕화살이 침범하니 자살이나 약이로다

己土재성 나의처가 사방팔방 고립되어
밤낮으로 두려움에 신경쇠약 있겠구나

乙일생인 인수봉은 모친말을 잘도들어
다락방에 연약지처 불쌍하기 그지없다

밤낮으로 괴롭히다 申운오니 천지풍파
모자지간 허득하여 조강지처 내쫒는가

다시재혼 하려하나 이제처가 없게되니
쓸쓸하게 모자지간 긴긴밤을 지새운다

〔050〕 남명

그대 여인 소낙비라오

• • •

시	일	월	년
戊	戊	壬	癸
午	戌	戌	卯

戌월戊일　출생인이　火土세가　당권했다
이런사주　추리할때　오행흐름　잘살피소

木火土로　상생하여　좋은사주　같지마는
壬水성에　불통하니　귀기불통　사주라오

통관작용　金성인데　金성무봉　하였으니
염천흙에　가뭄들어　어찌추수　하오리까

비겁겁이　연좌하니　이복형제　있겠구요
불연이면　다형제에　서모양모　모시리라

편재성이　살지하니　부친님은　혈압뇌사
불연이면　비명횡사　土살국에　없어졌다

편재성은　누구더냐　그대아내　틀림없고
연월봉지　아내성은　흔적없이　떠나리라

戊일火국　놓은남성　재취작첩　운명인데
뿌리없는　그아내가　얼마동안　견딜쏜가

卯木자식　염천火에　타버리고　없어지니
득자하면　없어짐이　그대사주　아니던가

〔051〕 남명

주유업

● ● ●

시	일	월	년
丁	庚	己	庚
丑	午	丑	寅

丑월庚일　출생인이　土金왕에　신왕이라
일지午火　반가워서　용관하는　사주로다

연지寅木　상생하니　대격지명　되었는데
木火마을　달릴때에　재물많이　벌었다오

庚일주에　午火봉은　공업가에　많이있고
寅木차가　합을하니　주유화공　재물이라

인수투출　생을받아　그모친이　현숙하고
丑寅간토　합을하니　선조대에　화목이라

월봉인수　지혜성은　바른중심　되었는데
庚일주에　火土봉은　근면하기　짝이없다

현처귀자　두게된건　寅午합에　공덕이요
선대대에　풍요로움　그대다시　이어받네

월시궁에　급각살은　관절신음　질병인데
모친님에　해당하여　모친관절　신음하네

申운마을　지날때는　재산관리　조심하고
득질맹장　그병오면　필히병원　가야한다

〔052〕 남명

공무원 현처에 행복지남

시	일	월	년
己	辛	甲	己
丑	巳	戌	亥

戌월辛일　출생인이　巳丑합에　신왕이라
세상천지　험난하나　무엇인들　두려우리

일지정관　몸에앉아　고위공직　틀림없고
亥중甲木　역마투출　해외만리　다니더라

亥水역마　재물생해　외화획득　많이하니
나라님이　고마워서　승진포상　이름나네

일지巳火　자식이요　월상甲木　아내되니
처와자식　생을받아　현처귀자　두게된다

亥水甲木　조상이라　조상땅이　돈되나니
많은유산　물려받아　천금써도　안마른다

巳戌라망　법문제가　그대몸에　있지마는
그대형권　갖는것은　巳戌라망　공덕이요

자식님이　유학감은　巳火역마　임봉이요
다봉인수　놓았으니　부모대는　모순이라

인수성이　투출하니　천재소리　들었구요
亥水역마　재를생해　농협근무　하오리다

[053] 여명

모친 흉사, 개울에서 잠자다가 돌아가셨음

시	일	월	년
甲	戊	己	辛
寅	申	亥	亥

戊일생이　亥월이라　천지만국　水木이라
金水상생　水생木에　종살격을　이루었다

寅申형에　난전하니　하격지명　틀림없고
戊土일주　허약하여　비명횡사　두렵구나

연월일시　역마성은　타도타향　시집이요
남편따라　객지생활　그대팔자　아니더냐

寅중丙火　水에꺼져　모친님이　위독인데
겨울亥水　잡아가니　우물이나　물가로다

亥亥水가　寅요합에　모친님이　두분이요
寅중戊土　이복형제　그대형제　배다르오

아들낳기　어려운건　모쇠자왕　탓이구요
딸자식을　간직함은　辛금투출　영향이라

형제간에　재혼함은　己土허약　甲木다합
일자형제　불미하니　익사거나　알콜중독

이다음에　巳운오면　그대또한　위험하니
부디부디　비명횡사　익사거나　차사고다

연구

이 사주를 한번 자세히 설명하면 참으로 묘한 것을 발견하게 되는 것인데 어찌하여 모친이 개울에서 겨울에 술 먹고 잠자다가 돌아가셨느냐의 문제다.

이를 명리학으로 한번 풀어 보면 寅中 丙火가 모친인데 그 모친이 申에 刑을 받고 있다. 寅과 申은 역마지살이요, 각각 刑冲을 하고 있는데 申中에는 壬水가 있고 연월에도 亥中 壬水가 있다. 지지로는 寅申亥亥로 전 역마궁을 놓았는데 寅中 丙火가 파극받아 꺼질 수밖에 없다. 그런데 壬水는 물이요, 큰물이고 申亥亥로 즉 金生水로 흘러가는 형상이라. 고로 寅木은 나무이니 물가에 있는 나무 도랑 개울로 해석할 수도 있으며 나무가 있는 곳에 흐르는 물이 되니 개울이 되는 것이다.

다음은 그럼 왜 술을 먹고 귀림(歸林)하였느냐의 문제인데 壬水는 막걸리, 큰 맥주, 즉 양이 많은 술을 상징하니 그 양이 많은 술이 막걸리가 되는 고로 막걸리가 寅中 丙火 모친을 파극하게 되어 개울에서 잠자다가 돌아가시게 된 것이다.

다음은 왜 잠을 잤느냐의 문제인데 이는 丙火 모친이 壬水에 꺼지고 있으니 꺼지는 것은 잠자다, 머무르다, 정체하다, 움직이지 않는다로 해석할 수도 있는 것이고, 그 다음은 왜 겨울이었느냐의 문제도 水는 한랭이요, 겨울물이 되고 있는데 겨울에 물이 되기 때문에 겨울에 돌아가시게 된 것이라 해석해 본다.

[054] 여명

애기 낳고 살다가 도망, 늙은 남자 모신다

시	일	월	년
庚	癸	戊	辛
申	巳	戌	丑

구월달에　이슬비가　관살혼잡　이루었네
癸巳일에　명암부집　무얼상징　하던가요

허허실실　실실허허　그대남편　아니드뇨
암합관에　연애결혼　처녀포태　하였는데

丑戌형에　파극받아　외간남자　정통하고
역마성이　요동하니　야반도주　하였더라

壬癸일생　태운몸은　백두낭군　모시는데
늙은남자　좋아보여　살다가도　도망갔소

비견겁이　파극되어　형제간에　우애없고
그형제는　丑중癸水　형제또한　재혼이요

두자매가　같은운명　부모운명　유전인데
선대때에　그업장을　그대들이　받았구려

戌중丁火　탐이나서　돈찾아서　동분서주
그리하나　재인투쟁　종일분주　가난하다

金水성에　맑은기운　가는몸매　키가크고
인수성이　투출하여　너무똑똑　병이라오

(055) 남명

결혼하자 승승장구로다

• • •

시	일	월	년
戊	癸	甲	丙
午	卯	午	午

오월癸일　출생인이　이슬비가　말랐구나
아우생아　돌고돌아　종재하는　사주로다

오월달에　癸水무근　사주다재　종재하니
재물신이　관이되어　이내몸에　당도하네

결혼하자　승승장구　부인님이　가져오고
戊土관이　생을받아　큰자식이　득자로다

고모숙부　배다름은　정편재의　혼잡이나
도화장모　귀인앉아　나를위해　도와준다

丙甲록근　巳寅하니　해외만리　다녀보고
木火기가　태왕하여　성질조금　급하도다

더운여름　해수천식　기침나서　고생인데
팔다리가　쑤시는건　일지급각　탓이라오

조모님은　甲木인데　불덩이에　없어지니
午火탕화　위에앉아　비명횡사　하게되고

子운마을　지날때에　불덩이를　충동하니
혈질계열　역류함에　건강조심　하십시오

〔056〕 남명

늦둥이가 귀히 된다

시	일	월	년
甲	癸	壬	戊
寅	丑	戌	申

| 가을비가 | 대지위에 | 촉촉하게 | 적시는데 |
| 甲木이라 | 사과나무 | 이슬비에 | 젖었구나 |

| 丑戌형에 | 개고하여 | 戊土투출 | 관인인데 |
| 상관성이 | 시지앉아 | 호시탐탐 | 노리노라 |

| 칠살백호 | 일지앉고 | 상관성이 | 힘발할때 |
| 그대집안 | 풍파옴을 | 또한누가 | 아시리까 |

| 월지壬수 | 투출암장 | 다형제에 | 고독이요 |
| 申金모친 | 역마있어 | 나버리고 | 떠났구나 |

| 丑寅합에 | 조모님은 | 지극정성 | 나키우고 |
| 壬戌백호 | 월지앉아 | 부친님이 | 비명이다 |

| 조자난양 | 힘든것은 | 일지상관 | 탓이구요 |
| 늦둥이가 | 크게되니 | 깊이새겨 | 두시구려 |

| 장모님이 | 합을하니 | 장모봉양 | 있어보고 |
| 상관견관 | 흉화백천 | 세상살이 | 힘들구나 |

| 신경통에 | 고생함은 | 시지급각 | 팔다리요 |
| 차사고가 | 더러남에 | 수술흉터 | 많이있다 |

[057] 남명

형제 사고사

● ● ●

시	일	월	년
壬	癸	壬	乙
子	丑	午	未

오월달에   이슬비라   염천火에   조화더라
더운여름   이슬비는   보석같은   존재라네

水木火土   순환상생   부귀지명   되겠지만
애석한건   백호살이   연일지에   앉았더라

백호살은   누구더냐   자식이나   형제인데
탕화살이   같이앉아   호시탐탐   노리더라

자식이나   형제중에   자살흉사   하겠는데
그대형제   약먹으니   애석하기   그지없다

丑午원진   귀문관에   그대처가   앉아있고
일주건왕   고집세어   부인의심   폭력이라

午火처가   다壬합에   바람날까   염려되고
밤낮으로   감시하나   야반도주   해버렸다

딸자식을   품에안고   눈물세월   애걸복걸
떠난여인   돌아온건   아직나는   못봤수다

부디재혼   하시걸랑   바람피지   마시옵고
늙은여자   인연이니   각골명심   하십시요

[058] 여명

중·고등학교 선생

● ● ●

시	일	월	년
辛	癸	庚	己
酉	丑	午	未

더운여름   午월이라   이슬비가   내몸이라
관인성이   투출하여   부귀여명   되오리다

월봉인수   놓았으니   천재소리   들으셨고
인수성이   착근하니   선생님이   아니더냐

일월간에   丑午원진   부모대에   결함인데
부모이별   하는것을   그대어찌   막으리요

癸일생인   용戊관에   소년정가   백두낭군
그대남편   백두불봉   부부해로   어렵구요

己土남편   뿌리있어   남편성공   하겠지만
음일생인   酉巳시는   내리내리   딸이더라

庚金착근   申역마라   인수역마   하였으니
외국유학   여행이요   해외만리   다녀본다

이슬비에   심성맑아   착하기가   그지없고
未중乙木   파형하니   자식손상   걱정이요

조모님이   흉사함은   未중乙木   탓이구요
戌운오면   파형하니   자식사고   두렵구나

[059] 여명

무자, 입양 자식 이혼하고 혼자 키운다

• • •

시	일	월	년
乙	乙	辛	辛
酉	巳	丑	丑

엄동이라　등나무가　바위위에　얼었는데
천지만국　살국천하　이리저리　밟히운다

乙일생인　극신약에　보존하기　어려운데
이리저리　둘러보다　종살함이　가하도다

모쇠자왕　巳火꺼져　자식낳기　어려운데
얄미운건　巳酉丑합　그대자식　없소이다

乙巳일에　출생인이　천간辛金　투출하면
애기낳고　살다가도　정통도주　한다는데

그대사주　辛金투출　몇번이나　가출했고
巳酉합에　가출해도　다시집에　들어온다

巳火역마　자식이라　역마자식　입양하니
밤낮으로　애지중지　그모성이　대단하오

내바람이　숙지니까　남편님이　바람나고
돈대주고　뺨맞으니　재생관살　탓이라오

불혹나이　이혼하고　혼자자식　키우나니
그대전생　무슨죄가　이다지도　많다드뇨

[060] 남명

다리 절단

● ● ●

시	일	월	년
甲	戊	癸	戊
寅	申	亥	申

사주팔자　감명할시　필히인지　하실것은
일주기준　둘러보고　신강신약　판단하소

戊일신약　놓은사람　횡액지사　많게되고
지지형을　받은사람　틀림없이　사고로다

그대사주　논해볼제　戊일생에　寅申형이
역마살형　파형되니　차사고가　아니더냐

일시형에　수술이라　팔다리가　이상하고
지지전체　역마앉아　동식서숙　분주하다

조상님이　티도티항　헤외만리　디녔었고
불연이면　해외교포　그대사주　아니드뇨

상관경관　파형지형　자식보존　어려운데
부부궁을　파손하니　본처이별　피할쏜가

모친님도　사고흉사　水살국에　없어지니
혈압이나　뇌출혈로　필히세상　떠났수다

역마따라　떠다니니　운수업에　인연이요
亥子丑월　비올때에　차사고가　났었구려

(061) 여명

국제결혼

• • •

시	일	월	년
癸	戊	丁	甲
亥	子	丑	辰

戊일생인　엄동땅에　丁火불빛　보았으니
丁火불빛　아름다워　동일가애　존귀하다

甲木이라　남편성은　대목지토　만났는데
甲木丁火　상생하여　부귀지명　되었구나

재관인이　득지하니　삼반귀물　틀림없고
여명사주　삼반귀물　고귀부인　아니던가

甲木남편　록근하니　그남편이　출세하고
미온지토　만났으니　자식성공　하오리다

월지丁火　용신이라　선생님이　틀림없고
甲木따라　해외가니　타국으로　시집갔다

戊子일에　출생하여　백두낭군　이겠구요
삼팔木에　남편앉아　삼년이나　팔년이다

그대사주　연주남편　팔년연상　남편이요
연월辰丑　급각살은　부모형제　수족이상

戊일생인　金水木에　가는몸매　키가크고
甲木성이　丁火생해　외국어가　타고났다

사주 팔언독가(八言獨歌)

〔062〕여명

박사님

● ● ●

시	일	월	년
丙	甲	癸	丙
寅	戌	巳	辰

甲일주에　출생하나　염천巳월　출생이라
火土세에　당권하여　삼상격을　이루었네

목화통명　빛이나니　석학사가　틀림없고
丙火태양　보았으나　교수거나　의사로다

巳중庚金　남편님은　불덩이에　앉았으니
애기나면　별부지상　틀림없는　사실이라

巳戌귀문　남편시모　나를잡는　몹쓸놈이
자식낳자　요동치어　신경쇠약　두렵구나

癸水모친　辰土착근　염천지상　홀로앉아
긴긴밤을　탄식함이　그대사주　아니던가

巳火자식　탄생하자　벼락같이　이별하니
癸水모친　의지하려　친정집에　좌장하네

辰戌충에　독수공방　서럽기도　하지마는
甲일주가　쇠약하여　신경쇠약　아니드뇨

식상간이　중봉하여　중봉조모　있게되고
부친님은　역마앉아　해외사업　하셨구려

[063] 남명

선생님

● ● ●

시	일	월	년
壬	戊	丙	己
子	辰	子	亥

子월戊일　출생인이　천지간에　水가당권
신약사주　되었으니　丙火태양　존귀로다

태양빛은　水살국에　꺼진태양　되었으니
丙火태양　조부되어　조부님이　꺼졌구나

생년궁에　지살있어　고향밭에　쑥대나고
그대출신　둘러보니　섬이거나　호숫가라

己土형제　쓸려가니　형제간에　흉사있고
불연이면　알콜중독　틀림없는　사실이라

엄동호수　물속나무　본처자식　어렵구요
재혼하여　득자하니　가문현적　귀자로다

인수성이　월지앉아　선생이나　공직이요
학원이나　화공직업　그대천직　되오리다

모친님은　水살국에　꺼진불에　앉아있어
노래풍질　시력이상　중풍병이　두렵구요

그대질병　논해보니　위장약해　탈이나고
눈시력이　어두운건　子월戊일　탓이라네

〔064〕 남명

풍환자

● ● ●

시	일	월	년
庚	庚	癸	壬
辰	寅	丑	申

연일지살　놓았으니　고향에는　인연없고
역마임재　하였으니　외화획득　하여본다

편재성이　파형되어　부친비명　횡액사고
인수성에　급각살은　모친수족　이상이라

일지편재　辰중암재　본처해로　어렵구요
寅중丙火　자식님은　혼혈아에　유산이다

재관임이　동주하여　총각득자　하여보고
역마임재　놓았으니　해외여인　인연있다

월시丑辰　급각살은　신체이상　살이온데
그대사주　월시간에　봉착하지　않았느냐

밤낮으로　다리골절　수족이상　신음이요
찬겨울에　壬癸水는　눈보라가　되었다오

겨울밤에　丑寅간토　눈보라에　얼게되니
그이름이　무엇이냐　풍질환자　아니던가

식신생재　하였으니　재물복은　있지마는
중봉조모　모셔봄도　그대팔자　아니드뇨

〔065〕여명

독수공방

● ● ●

시	일	월	년
壬	戊	丁	癸
戌	辰	巳	巳

巳월달에　전원동산　샘물고갈　없어지니
乙木이라　남편님은　어디가서　자리잡노

辰戌충은　독수공방　사주기초　지식인데
그대사주　辰戌충에　독수공방　아니더냐

辰중乙木　癸水찾아　본인살라　떠나가니
만약그대　동주하면　필부지상　틀림없다

자매강강　이녀동부　두여자가　모시구요
丁壬합木　하였으니　은연중에　남자있네

戌중辛金　자식님은　충극받아　멀리있고
천문성에　자식이라　의사거나　경찰이라

巳巳봉지　연첩이라　양모서모　모셔보고
이복형제　진을치니　부친님이　부정했소

戊土신강　굳은절개　송죽같은　기품이요
월지인수　봉지하여　일문천오　틀림없다

庚申운이　도래할때　통관작용　하게되니
서럽다던　지난시절　옛말하고　사오리다

사주 팔언독가(八言獨歌)

(066) 여명

이혼 후 늙은 남자 애인

• • •

사	일	월	년
甲	己	壬	壬
子	丑	子	子

己일생이 　子월하니 　극신약의 　사주인데
甲己화토 　합화유정 　좋다고들 　말을마소

극신약에 　합을한들 　어찌水신 　이길거며
부목지상 　남편님은 　떠돌이에 　문밖이라

재생관살 　놓은여명 　돈대주고 　뺨맞으니
몇번이나 　분단장에 　그대눈물 　흘렸던가

丑중辛金 　금황수저 　파도따라 　없어지니
무자사주 　타고난것 　이제겨우 　알았느뇨

사주중에 　다새자는 　조넌부친 　이별이요
모친님이 　재혼하여 　이복형제 　있더이다

己土일주 　신약하여 　신경쇠약 　두려운데
위장질환 　임종병에 　비위관리 　잘하구려

시모님이 　남편모사 　결혼생활 　힘들다가
추운겨울 　이혼하니 　독수공방 　서럽더라

壬壬丁이 　木을당겨 　소실살이 　첩이옵고
늙은남자 　애첩이라 　그럭저럭 　사시구랴

〔067〕남명

부귀지남, 현처 인연

● ● ●

시	일	월	년
己	庚	丙	己
卯	辰	寅	亥

寅월이라　庚金성이　이내몸이　되었구요
丙火태양　월지보아　태양조명　하는구나

무근살지　庚金이라　돌려돌려　종재하고
순환상생　맑은기운　복받은자　틀림없다

정편재가　혼잡하니　이복고모　숙부있고
역마성이　다봉이라　해외만리　다녀본다

역마성에　임재하여　외화획득　국익선양
화련진금　하게되면　공업가가　아니드뇨

일시간에　상합하니　현처귀자　틀림없고
도화재를　놓았으니　부인덕을　많이본다

亥水장모　일지합에　장모인연　주었으니
그장모가　밤낮으로　나의사업　도와주고

인수성이　투출하여　바른심사　고운마음
학업에도　재능있어　일문천오　하였다네

이다음에　申운오면　파형지木　되옵나니
부디부디　대장혈질　그병관리　잘하구랴

〔068〕 남명

타가에서 장성

● ● ●

시	일	월	년
己	辛	己	辛
亥	亥	亥	酉

기취감궁　하였으니　亥水성에　기모였네
삼상격이　좋다하나　이사주는　아니라오

작은보석　물에빠져　강물속에　떠다니니
금황수저　놓은운명　그대사주　아니던가

월일시에　지살중중　유랑생활　나타내고
동식서숙　타향살이　바쁘기도　하겠구나

己土엄마　물에빠져　조별사주　되었구요
불연이면　서모양모　틀림없는　사실이라

편인성에　조부잃아　조부흉사　못면하고
물귀신이　잡아가니　흉사더냐　실종이냐

조모고모　내몸앉아　나를키워　주었으니
부디부디　그은혜를　잊으시면　안되네요

亥중甲木　재를찾아　동분서주　하였으니
그대직업　운전이나　수산직이　천직이요

무자사주　되었으니　자식득자　기대말고
암장장모　세분되어　재혼할까　염려로다

〔069〕 남명

안맹 자식 두었군요

• • •

시	일	월	년
丙	庚	壬	壬
子	戌	子	辰

子월이라　庚일생이　천지만국　상관이라
戌중戊土　의지하여　이내몸이　살아간다

엄동이라　丙火태양　동일가애　되었으나
상관성이　심왕하여　이내몸을　괴롭히네

丙庚역마　환원역마　해외만리　다녀보고
상관성이　월지앉아　부조대에　패가로다

식상관이　중첩하여　중봉조모　모셨구요
인수성이　일지앉아　효자또한　틀림없다

천문성에　회동제귈　법조계가　인연이요
인수도장　요긴하여　생살권도　주었구나

애석한건　丙火자식　水살국에　없어지니
그대자식　눈못보아　삼각행보　하게된다

그대또한　시력심장　좋은것은　아니구요
그대세상　떠나실병　심장이나　혈압이다

木火대운　육십년에　천금만금　희롱하고
午대운이　도래하면　사주난전　조심하소

[070] 남명

요사

• • •

시	일	월	년
丙	庚	壬	癸
子	辰	戌	丑

| 사주팔자 | 논할적에 | 월일기준 | 간지라네 |
| 그대사주 | 논해보고 | 인생운명 | 감명하자 |

| 연월간에 | 파형하니 | 부조간에 | 각거했고 |
| 일월간에 | 辰戌冲도 | 부모형제 | 별거로다 |

| 모친님이 | 파형받아 | 족두리를 | 다시쓰고 |
| 서모님이 | 나를키워 | 초년고생 | 많았도다 |

| 그대사주 | 명산속에 | 푸른계곡 | 너덜바위 |
| 바위앉아 | 옆을보니 | 상하좌우 | 옥계수라 |

| 丙火태양 | 먹구름에 | 꺼진태양 | 되었구요 |
| 庚申운에 | 들어가면 | 폭우칠까 | 두렵구나 |

| 어둔하늘 | 비바람이 | 폭우되어 | 몰아칠때 |
| 백호신이 | 번개되어 | 나를찾아 | 헤매인다 |

| 이내몸은 | 계곡에서 | 피서유희 | 웬말이요 |
| 계곡홍수 | 돌변할때 | 연약바위 | 떠다닌다 |

| 申子辰에 | 낙정관살 | 번개백호 | 태풍불어 |
| 총각귀신 | 되었으니 | 다음생을 | 기약하소 |

〔071〕 남명

법조계에 밥 먹구나

• • •

시	일	월	년
丙	庚	戊	壬
戌	寅	申	辰

申월이라　庚일생이　월지록궁　하였구나
土金강대　신왕이라　큰인물이　틀림없다

壬병戊약　편관성은　병약상제　사주고요
丙火태양　빛을발해　태양빛이　찬란하다

비겁성에　형제성은　월지좌봉　하였으니
다형제에　상쟁하니　형제사이　불화로다

부조간에　화합함은　연월합한　공덕이요
현처귀자　득자함은　일시합한　공덕이라

재자약살　놓은사주　틀림없는　관인인데
丙庚성에　법조계라　지왈모모　누구더냐

丙戌궁에　백호살이　시지자식　자리인데
급각살을　동주함을　또한누가　아시리요

그대자식　차사고가　가끔가끔　나겠으니
부디부디　운전할때　더운여름　조심하고

장비같은　위엄놓아　누구라도　주눅들고
쩌렁쩌렁　목소리는　땅까지도　진동한다

[072] 남명

늙어서도 마마보이

• • •

시	일	월	년
乙	甲	甲	癸
亥	辰	子	卯

천간에는　三甲이요　지지로는　亥卯합木
자중모쇠　되었으니　재성봉지　두렵구나

甲일子월　土재운은　부목방지　좋다지만
효자봉친　자중모쇠　재운오면　대화로다

두甲木은　己土遙合　쟁합되어　없어지고
辰土처를　탐내며는　나의모친　화내구나

모왕처쇠　하였으니　결국처가　쫓겨나고
모자지간　독수세월　뭐가그리　좋다던가

군비쟁재　작은재물　가진것도　없으련만
자존심은　대단하여　남의말을　안듣구나

항우고집　甲木이라　주장강해　실패보니
친구들이　나싫다고　술한잔도　안한다네

부친님은　辰土인데　甲辰백호　앉아있고
水木살국　합세하니　어찌보존　되겠는가

비명이나　알콜중독　틀림없는　사실이고
인수성이　암합이라　서모의모　있었구나

〔073〕 남명

자식 요사

• • •

시	일	월	년
丁	庚	庚	丙
丑	午	子	申

子월庚일　출생인이　水火상극　하였구나
강철같은　동월쇠를　어찌녹여　종만드리

연입지살　하였으니　고향에는　인연없고
월중상관　하였으니　다형제에　불발이라

일시원진　하였으니　부부불화　하였는데
모처간에　싸우다가　결국짝이　갈렸다네

庚일생인　종종볼때　공업가에　많이보고
용접화공　주유섬유　그대직업　아니던가

火성봉지　자식이라　연상丙火　꺼져있고
시상丁火　백호살은　자식잡는　성이로다

丁丑백호　子午충에　탕화살이　가임하니
그자식이　水에꺼져　음독이냐　수액이냐

재혼하여　득자하면　틀림없이　귀자둠은
사주재를　보강하여　아들살린　이치라네

노래에는　평온하여　부귀가문　될것이니
전생업을　이제잊고　마음평화　찾으소서

〔074〕 여명

딸자식이 맹인이라

● ● ●

시	일	월	년
丁	甲	辛	壬
卯	子	亥	子

| 亥월甲일 | 신왕지객 | 천지만국 | 水국이네 |
| 甲일주가 | 부목되어 | 水살국에 | 쓸리는데 |

| 亥卯합에 | 의지하여 | 부목만은 | 면하였네 |
| 丁火성에 | 설기하니 | 가상관이 | 틀림없고 |

| 火土성이 | 도래하면 | 부귀지명 | 되겠지만 |
| 金水마을 | 행할시는 | 세상풍파 | 접하리다 |

| 생월역마 | 놓았으니 | 고향인연 | 없어지고 |
| 인수성이 | 다봉하니 | 서모거나 | 양모로다 |

| 인수성이 | 투출하여 | 영특하기 | 짝이없고 |
| 金水木에 | 백옥이라 | 키도크고 | 미녀로다 |

| 辛金남편 | 금황수저 | 물에쓸려 | 없어지고 |
| 젊은청춘 | 긴긴밤을 | 독수공방 | 잠을잔다 |

| 시상丁火 | 딸자식은 | 주중水에 | 불꺼지니 |
| 무자사주 | 편할진대 | 어찌자식 | 득자더냐 |

| 만약자식 | 득자하면 | 안맹자식 | 두게되니 |
| 천고만고 | 시력관리 | 부디부디 | 잘하구려 |

〔075〕 **여명**

돈 대주고 뺨 맞다가 결국 이혼이라

● ● ●

시	일	월	년
庚	壬	丙	丁
子	戌	午	巳

午월이라　염천인데　이내몸은　壬水라네
더운여름　水가되어　가뭄속에　비가온다

천지간에　불덩이를　어찌내가　이길쏜가
子水샘물　의지하나　샘물고갈　없어졌다

연월간에　재성이라　부귀집안　자녀이고
사주다재　놓았으니　부친님이　조별이네

정편재가　혼잡하니　이복고모　숙부있고
子水형제　충극받아　형제또한　불미하다

일시성에　회동제궐　戌亥성이　봉지하니
천금같은　손재주로　만인미모　책임진다

맑은심성　놓은것은　신약사주　주특기요
壬水일주　庚金봉은　미녀지상　자랑한다

재생관살　웬말이요　그대사주　놓았으니
돈대주고　뺨맞으니　억울하기　그지없네

미용실에　비가올때　창문열고　밖을보며
설운시름　달래본들　지난세월　잊을쏜가

[076] 여명

공주병에 잠 못 자네

• • •

시	일	월	년
壬	壬	癸	壬
寅	戌	丑	寅

동월이라 호수물이 천원일기 놓았으니
맑고맑은 호수물에 물고기가 잘도논다

寅木이라 큰물고기 헤엄치고 잘도놀고
戌중辛金 바위속에 숨을곳도 있더이다

寅午戌에 午火성은 나의재물 틀림없어
허봉일자 공협하여 의식걱정 없겠구나

역마성에 재관인은 부귀가문 자랑하고
명문가의 집안이라 시가또한 그러하다

역마성에 지식앉아 그자식이 유학가고
寅戌합이 살려주니 가구더냐 공업이냐

癸丑궁에 백호살은 남편형제 비명횡사
고모숙부 횡사함도 백호궁에 파형이라

괴강이라 흉타마소 이사주는 아니온데
일시합에 돌고돌아 괴강역할 못한다오

동월壬일 맑은물에 눈망울이 여무르고
쭉쭉빵빵 늘씬한몸 공주병에 잠못든다

〔077〕 남명

재혼 본처 외국 갔다

• • •

시	일	월	년
庚	壬	癸	壬
子	申	丑	寅

엄동이라　바위위에　계곡속의　작은물결
구름끼고　눈이오니　차갑기가　그지없다

寅중丙火　태양꺼져　그믐밤에　어둠인데
동지섣달　긴긴밤이　어찌이리　길다느뇨

연입지살　놓았으니　고향에는　인연없고
일지역마　놓았으니　해외만리　다녀본다

비겁형제　진을치니　이복형제　있게되고
모친이나　모의형제　비명이나　풍질환자

부친님도　역마앉아　해외에서　객사하고
寅중丙火　꺼졌으니　불구되어　비명간다

寅중丙火　누구더냐　그대처가　아니더냐
역마성에　파형받아　나를두고　떠날지니

비겁도화　바람피워　망신살에　걸렸구나
그걸어찌　알수있나　다시한번　추리하면

子도화에　申子합은　비겁도화　틀림없고
申寅충에　역마앉아　마누라가　떠났다네

(078) 여명

형제동기 방해하여 부부간에 이별했네

시	일	월	년
癸	癸	戊	庚
丑	未	子	子

子月癸일 　이슬비라 　子중癸水 　착근하고
맑은물이 　샘물되니 　흙탕물로 　변하구나

물결따라 　흘러가니 　고향에는 　인연없고
未중丁火 　부친님은 　촛불되어 　꺼졌구나

丑중辛金 　모친님은 　불구거나 　초년이별
많은형제 　진을침은 　월지비겁 　이라네요

일시형에 　부부궁은 　이별지상 　나타내고
子未원진 　같이만나 　원망하고 　이별한다

戊土관은 　나의님편 　서로서로 　방해하니
시누더냐 　형제더냐 　둘중에는 　하나인데

형제성이 　진을치니 　형제성이 　틀림없고
戊土남편 　나를떠나 　다여자와 　합을하니

꽃밭에서 　노닐다가 　여자덕을 　많이보고
그남편이 　재혼하여 　도화처에 　덕을본다

좋은세월 　다놓치고 　독수공방 　세월인데
자식님도 　불효하여 　이내간장 　녹이노라

[079] 여명

자식 때문에 이별했네

• • •

시	일	월	년
丙	乙	庚	甲
子	巳	午	辰

午월달에 등나무가 子辰水에 샘물얻어
등라甲木 하려하나 庚金성이 방해한다

천지간에 불덩이는 이내몸을 둘러싸고
호시탐탐 나를보고 이제그만 자라라네

작은희망 포기하고 庚金돌에 의지하여
찬바람이 불어올때 결혼식을 하였도다

모쇠자왕 틀림없어 겨우겨우 득하는데
자식낳자 남편님은 벼락같이 떠나간다

불덩이는 자식이요 庚金성은 남편인데
乙庚합을 방해하니 그대자식 아니던가

庚金남편 辰土찾아 나를두고 떠나는데
午火자식 방해하여 부부궁을 막았구나

그대사주 신약사주 득자하면 병입하고
乙木성이 타버리니 신경쇠약 아니더냐

염천지상 더운밤에 선풍기도 곁에없고
애지중지 자식안고 눈물로써 보내더라

[080] 남명

경찰관

● ● ●

시	일	월	년
丙	乙	甲	丁
子	卯	辰	未

삼월이라　辰土월에　이내몸은　乙木이네
월상甲木　반가워서　잘도타고　올라간다

子辰水에　샘물얻고　卯未합에　木局결성
신왕사주　되었으니　큰인물이　되겠구나

乙일子시　육을서귀　파격사주　되었으나
상관생재　부귀함을　어느누가　아실건가

子卯형에　형권주어　내가당권　손에쥐고
인수도장　요긴하여　생살권을　희롱한다

일시간에　형살하면　부부지간　이별이나
상관생재　요긴하여　현처인연　주게되고

무관성에　득자함은　신왕사주　덕분인데
丁火꽃이　만발하여　未土로써　열매로다

상관식신　중봉하니　조모님은　두분이고
고모숙부　떠나실땐　고이가기　어렵더라

乙일생인　丙火봄은　그성격이　명랑하고
동량지재　되었으니　큰인물이　틀림없다

〔081〕 여명

내 낭군은 어디 있나

• • •

시	일	월	년
丁	甲	癸	癸
卯	子	亥	丑

亥월甲일　부木이라　시냇가에　소나무다
맑은개울　옥소리에　이내심사　만감교환

丁火촛불　꺼질세라　노심초사　걱정인데
도화위에　촛불앉아　밤문화에　꽃이로다

甲乙일생　水木봉은　늘씬하고　키가크고
丁火불빛　빛을품어　양귀비도　울고간다

편정인수　중중하여　편모양모　의모있고
亥중甲木　숨었으니　숨은형제　있더이다

부친님과　고모숙부　水살국에　없어지니
알콜중독　아니며는　비명횡사　하옵고요

甲木역마　寅이되니　비행기를　자주타고
亥水역마　물결따라　일본으로　자주간다

금황수저　남편님은　水살국에　없어지니
결혼생각　안하고서　유랑생활　웬말이냐

홍등가에　녹주부어　설운신음　달래봐도
낭군님의　따뜻한품　그것만야　하겠는가

사주 팔언독가(八言獨歌)

[082] 여명

외국 유학 가 보았다

● ● ●

시	일	월	년
壬	丙	癸	壬
辰	寅	丑	寅

겨울이라	엄동인데	丙火태양	밝게빛나
만인구호	하게되니	선생님이	아니던가
연일지살	놓았으니	고향밭에	쑥대나고
인수역마	놓았으니	외국유학	가봤다오
관살혼잡	놓았으니	부부연은	별로인데
관인신합	반가워서	이혼이야	하겠는가
丑중辛金	부친형제	불구거나	비명이요
모친님이	다형제는	다봉인수	탓이라오
水木왕에	辰土싱은	나의사식	틀림없고
급각살에	자식앉아	노심초사	걱정인데
겨울흙이	얼어붙어	해동함을	갈구컨대
천간壬水	호수물이	그만자식	잡는구나
水왕木에	土자식은	벙어리나	기형이요
급각살에	기형자식	어느누가	아시겠소
丙火태양	자애로워	인자하기	그지없고
水木봉에	태양이라	백옥미녀	되었다오

[083] 여명

의처증에 고생하다 늙어서 이혼이라

● ● ●

시	일	월	년
癸	甲	辛	丙
酉	申	丑	申

동월甲일　얼은나무　바위위에　앉았구나
하늘에는　이슬비가　찬공기에　눈이되고

석산위에　노송님은　혈혈단신　외로운데
金왕신의　남편님은　이리저리　나를치네

癸水모친　丙火자식　내곁에서　맴도는데
어느하나　내편되어　어느천년　도우리까

시모봉양　눈물로써　청춘세월　다바쳐도
돈대주고　뺨맞으니　이내청춘　서럽구나

남편님은　나를보고　외간남자　있다함은
다관제약　놓은팔자　그대사주　때문이고

재관식에　부귀가문　모모하는　집안인데
시집가자　설운인생　그대사주　아니던가

丙火태양　꺼졌으나　요긴한건　당연하니
화장품에　성재하여　의식걱정　없게되나

늘그막에　이혼하여　자유부인　되었지만
젊은청춘　허비한걸　어느누가　보상하랴

[084] 여명

타생자손 부양

• • •

시	일	월	년
己	壬	丁	辛
酉	寅	酉	亥

酉月壬일　출생인이　金水다봉　신왕이라
식신생재　하였으니　부귀지명　되겠구나

木火운이　도래하면　행운지녀　되겠으나
金水운이　다시오면　풍파많이　격게된다

대운봉지　金水운은　그대에게　불행인데
亥子丑운　火를끄니　곤고세월　탄식이다

壬癸일생　태운몸은　백두낭군　인연인데
己土남편　허약하여　재혼자리　결혼이라

식신생재　귀명인데　월지酉金　인수하니
구호스승　하였으나　남편복은　없다네요

식신성이　암합하니　타생자손　부양인데
남의자식　키워줌도　전생업장　아니겠소

寅중丙火　부친님은　월시酉에　꼼짝못해
초년부친　작고함은　알콜이나　간경화다

자식득자　어려운건　兩酉金에　인수이고
다시재혼　하게될까　노심초사　걱정된다

〔085〕 여명

노처녀 공무원

● ● ●

시	일	월	년
戊	甲	丁	辛
辰	戌	酉	丑

가을이라　사과나무　석산위에　앉았는데
절벽위에　연약지木　중심잡기　어렵구나

甲木뿌리　辰중乙木　辰戌충에　파상인데
종살함이　살길인데　丁火신이　얄밉구나

이리저리　헤매이다　결국丁火　의지하고
丁火더러　제살하라　신신당부　하겠구나

편재성의　백호살은　부친비명　조별이요
모친님이　암합함은　무얼나타　내던가요

다관제약　놓았으니　남편감내　어렵구요
긴긴밤을　독수공방　노처녀가　아니던가

일시간에　辰戌충은　편방생활　중인첩첩
그대결혼　하게되면　중인첩을　못면한다

생일지에　천문성은　착하기가　그지없고
甲木이라　이내몸은　자존심이　대단하고

식상丁火　일장당권　신체상은　유방이요
그유방이　비대함은　월상丁火　공덕이라

101

사주 팔언독가(八言獨歌)

〔086〕 여명

결혼생활 일 년 만에 과부라오

● ● ●

시	일	월	년
壬	戊	丙	庚
戌	子	戌	戌

만산홍엽　가을이라　이내몸은　큰산인데
회합제궐　亥중甲木　호수물에　감겼구나

丙火태양　월지앉아　공부에만　관심있고
신왕사주　되었으니　자기주장　강하구나

추월木은　남편인데　甲木사지　들었으니
결혼하자　일년만에　남편저승　보냈다오

亥중甲木　왕水하니　술먹고서　횡사인데
戌亥자에　집근처라　대문앞서　요사했네

정편인수　혼잡하여　양모서모　있사온데
월건망신　회합제궐　후처소생　아니던가

인수성이　암합하니　그모친이　연애결혼
부친님이　애정행각　삼丁壬의　합이로다

비겁형제　놓았으니　이복형제　있게되고
그형제도　독수공방　긴긴밤을　보내리다

戊子일에　출생녀는　백두낭군　인연이니
백두낭군　안만나고　부부해로　꿈을꾸노

[087] 여명

양귀비의 미모로다

• • •

시	일	월	년
甲	甲	壬	癸
子	午	戌	卯

子午쌍포　좋다마소　이사주는　아니라오
천지만국　水살국이　일지午火　파극한다

상관생재　놓았으니　의식에는　걱정없고
寅戌火국　놓았으니　재물복은　있겠구나

인수성이　다봉하니　천재소리　들었구요
午火설기　식상이라　학원사업　천금이라

甲일생이　水木봉에　丁火까지　보았으니
양귀비도　울고가는　백옥미녀　틀림없다

일시간에　子午충은　부부지간　풍파인데
午火촛불　水에꺼져　자식낳기　어렵구나

일시간에　상충살은　부부간에　이별하고
부모형제　힘을합해　결국이혼　하였다오

추월甲일　午화봉은　애교많은　여인이요
甲일신왕　설기하니　그중심이　바르도다

미인박복　하단말이　이런사주　말함인지
애석한건　부부자식　공방세월　탄식이다

(088) 남명

대학자 교수

● ● ●

시	일	월	년
辛	己	丁	戊
未	丑	巳	戌

巳월己일　　전원밭에　　辛金으로　　밭을갈고
巳酉丑에　　씨를뿌려　　가을풍요　　기다리네

己土일주　　신왕하여　　오곡백과　　받아내니
그대이름　　가상관에　　천하영웅　　틀림없다

월봉인수　　놓았으니　　유학또한　　가보구요
인수성이　　투출하니　　구호만인　　스승이라

생월궁에　　지살역마　　타향지객　　되겠구요
인수성이　　월지앉아　　그대모친　　현숙하다

일시간에　　丑未형은　　생살권이　　틀림없어
의사인지　　경찰인지　　교수인지　　알쏭하다

가상관에　　金水운은　　명진천하　　이름나고
가상관에　　인수운은　　필사지상　　분명한데

金水운을　　달려가니　　현처귀자　　틀림없고
지왈모모　　명진천하　　그대이름　　날리겠소

장모님을　　곁에둠은　　일지식상　　공덕이요
조모님이　　흉사함은　　상관파형　　그탓이라

[089] 남명

의대 교수

● ● ●

시	일	월	년
丙	甲	癸	壬
寅	寅	卯	寅

이월이라　　木왕절에　　천지만국　　木세로다
동방일기　　木세하니　　곡직격이　　틀림없다

시상丙火　　보았으니　　丙火설기　　요긴하여
가상관에　　빛이나서　　목화통명　　밝고밝다

甲寅일에　　출생인이　　丙火태양　　봉지한자
십중팔구　　의대교수　　신왕사주　　진객이라

연일시지　　지살역마　　해외인연　　있어보고
인수역마　　壬이되니　　유학또한　　가봤구나

생월궁에　　도화살은　　후처소생　　나타내고
비겁형제　　진을치니　　이복형제　　있더이다

甲木이라　　바른성격　　대인군자　　기질이나
융통성이　　결여되어　　옹고집도　　대단하다

甲木丙火　　水木왕에　　신체강대　　키가크고
좋은장모　　만난것은　　시상丙火　　덕이로다

火土운이　　도래할제　　명진천하　　이름나고
신금운이　　당도할제　　신체유액　　조심하소

〔090〕 남명

빈객 노총각

● ● ●

시	일	월	년
己	壬	庚	辛
酉	午	子	亥

子월壬일　출생인이　천지만국　金水로다
午火등불　꺼졌으니　이를어찌　하오리까

겨울비가　눈이되어　눈보라가　몰아치고
온돌방에　불이꺼져　냉방생활　틀림없다

연입지살　놓았으니　동분서주　타향이요
부평초의　이내신세　서럽기가　그지없네

비겁성이　진을치니　이복형제　있게되고
인수성에　도화앉아　모친님이　얄궂구나

午火성은　누구더냐　나의처가　틀림없고
천지만국　물바다가　나의처를　잡았구나

壬水성에　金水봉은　몸이붓는　질병오고
午火촛불　꺼졌으니　눈시력에　이상있네

세상천지　둘러봐도　나의처는　흔적없고
재물신도　불에꺼져　곤재진의　신세로다

세끼식사　해결하려　이곳저곳　기웃기웃
동식서숙　잠을자니　그누구가　돌보련가

[091] 여명

자식 나자 남편 병마로다

● ● ●

시	일	월	년
壬	壬	甲	庚
寅	辰	申	子

임기용배　좋다마소　여명에는　흉명이라
그대사주　임기용배　이리저리　치고친다

水木상생　하였으나　木土상쟁　틀림없고
합식충관　하였으니　이를어이　하오리까

寅木자식　득자하자　남편님은　병마오고
하루하루　자식크면　남편병이　더해진다

壬辰일에　출생자는　음식영업　많이하고
김치장맛　일품이라　식당손님　많이든다

申子辰에　비겁성은　이복형제　있게되고
申金엄마　금황수저　풍질환에　세상떴다

식상간이　중봉하여　남의자식　키워보고
불연이면　양성득자　그대팔자　아니던가

관식동임　하였으니　처녀시절　애기배고
예식전에　득자함은　연애결혼　아니겠소

역마형에　寅申형은　교통사고　흔적이요
비대유방　복을줌은　식상착근　원인이라

[092] 남명

남산골 서생이라

• • •

시	일	월	년
庚	己	庚	戊
午	巳	申	子

가을이라 돌산위에 작은전원 밭이라네
하늘에는 먹구름이 태양가려 어둡구나

巳午火에 의지하니 상관용인 틀림없고
火土운이 도래하면 천하영웅 되옵구요

金水마을 도래하면 세상풍파 문전인데
亥子丑운 水마을이 그대앞에 놓였구나

재인상쟁 놓았으니 재물에는 인연없고
재물오면 병마오고 돈나가면 병나간다

己土일주 신약하여 착하기가 그지없고
지극정성 효자됨은 인수용신 탓이라오

상관성이 다봉이라 중봉장모 모시겠고
불연이면 중봉조모 틀림없는 사실이라

재성합에 연일이라 이복고모 있겠구요
공처악처 만난것은 재왕일약 탓이로다

상관성이 태왕함에 아들득자 어려운데
甲木사지 申월이라 자식들이 불발이다

〔093〕 남명

총각귀신

• • •

시	일	월	년
丙	乙	癸	癸
子	丑	亥	卯

그대사주   논할적에   가상관에   키를잡고
상관시결   필히외워   사주감정   하여보세

乙일생이   亥월이라   부목지상   되었는데
丙火태양   설기하니   가상관이   틀림없다

火土운이   봉지하면   천하영웅   되겠지만
金水마을   행하며는   천지풍파   야단난다

생월지에   역마성은   고향인연   무덕이요
인수성이   당권하니   천재소리   들었수다

편재성은   부친이라   水살국에   없어지고
인수성이   다봉하니   양모서모   있게된다

丑중辛金   자식님은   금황수저   틀림없고
水살국에   쓸려가니   자식보존   어렵더라

丙火태양   용신이라   입사묘가   걱정인데
酉金운이   당도하면   그대어찌   견딜쏜가

乙木뿌리   酉沖卯에   수당요절   하게되니
가엾구나   그대운명   총각귀신   되었구나

[094] 여명

자식이 눈 이상, 모 박사님

● ● ●

시	일	월	년
丙	乙	癸	辛
子	卯	巳	亥

巳월달에　　등나무가　　丙火태양　　옆에안고
이슬비를　　품게되니　　무럭무럭　　잘도큰다

이슬비는　　수원얻어　　더운여름　　샘물되고
丙火로써　　꽃피우니　　개화만산　　여름이다

격국용신　　논해보고　　사주팔자　　풀어보니
진상관변　　가상관이　　그대사주　　되었다오

丙火태양　　자식님이　　우뚝솟은　　태양하니
가문현적　　귀한자식　　틀림없는　　사실이라

그리하나　　水왕님이　　호시탐탐　　노리는데
일락서산　　해기울때　　아들눈이　　상하더라

그리하나　　한탄마소　　천을귀인　　상봉하니
위험중에　　귀인만나　　만고시름　　없어진다

인수성이　　설기하여　　가는몸매　　키가크고
丙火태양　　빛을발해　　애교또한　　만점이라

관식인이　　천간투출　　삼기득위　　하였으니
여명에는　　존귀함을　　어느누가　　아오리까

〔095〕 남명

큰 부자의 사주로다

• • •

시	일	월	년
庚	丙	壬	戊
寅	辰	戌	申

가을이라　戌월인데　丙火태양　보았구나
곡식이라　잘도결실　가을풍요　틀림없고

寅戌합에　용신님이　나를도와　반가운데
대운봉지　木火운에　고속도로　길이로다

일월간에　충극하니　고향에는　인연없고
역마인수　하였으니　외국자주　드나든다

역마재가　상합하니　외화획득　하여보고
지살재에　처가앉아　외국연애　하여본다

편재성이　살지않아　부친임종　혈압이요
불연이면　사고사로　그대부친　잡아간다

자식님이　대성함은　申金장생　공이구요
조모님이　장수함도　식상건왕　공덕이라

잡기재관　용인격에　큰부자가　없다하나
그대사주　돌고돌아　재인투쟁　아니라오

木火마을　도래함에　천금만금　희롱하니
사는고을　누구누구　곡간가득　재물있다

(096) 남명

교수님, 대행복지남

• • •

시	일	월	년
庚	壬	丙	甲
子	子	子	寅

子月壬일　출생인이　양인당권　하였구나
양인격을　흉타마소　비천록마　양인이라

모로보나　우로보나　甲木존귀　틀림없고
午火충극　비천되어　寅午합에　존귀더라

군비쟁재　월상丙火　水살국이　두려운데
午戌합에　보조하니　현처인연　맺겠구나

그리해도　水살국은　호시탐탐　노리나니
그대부친　임종시는　혈압뇌사　틀림없소

인수성이　살지않아　모친님은　조별이요
불연이면　그모질병　항시병마　걱정이고

상관용재　귀한사주　평생木火　운이오니
지왈모모　득명하여　이름석자　빛내더라

월지비겁　하였으니　다형제가　되겠구요
일지수옥　형권주어　생살지권　희롱하고

맑은성품　壬水지혜　맑은지식　솟아나니
구호십만　제자두어　동량재목　키우노라

〔097〕 남명

삼대 부귀하오리다

● ● ●

시	일	월	년
壬	丙	丙	丁
辰	辰	午	未

오월이라　염천인데　천지만국　火세로다
壬水빗물　반가워서　양인합살　존귀하다

태양회기　辰土봉은　천금만금　값어친데
壬水착근　논흙이라　젖은흙이　반갑구나

비겹겹이　태왕하니　이복형제　있겠구요
불연이면　다형제가　틀림없는　사실이라

식상관이　혼잡하니　중봉조모　있게되고
불연이면　중봉장모　틀림없는　사실이라

시상壬水　자식님이　존귀하게　앉았으니
그대자식　천하영웅　가문현적　빛을내고

시상일귀　존귀하여　그대또한　영웅인데
金水운이　상봉할제　왕후장상　안부럽다

辛丑庚운　당도하면　명진천하　이름나고
현처귀자　잘도두어　오복지남　되었는데

식상관이　생을받아　손자대를　이어가고
초년고생　한탄마소　삼대부귀　틀림없다

사주 팔언독가(八言獨歌)

[098] 남명

선친 유산 흔적 없다

• • •

시	일	월	년
庚	庚	辛	癸
辰	申	酉	卯

酉월金은　강철이라　丙丁火에　귀명이요
불연이면　금수쌍청　金水성이　요긴이라

그대사주　논해보니　연상癸水　요긴하나
설기구가　미약함에　어찌함을　좋을건가

식신생재　하려하나　卯酉충에　파극받고
비겁태왕　군비쟁재　재물신이　떠나간다

나의처는　충극받아　흔적없이　없어지니
추수명월　바라보고　달빛밑에　탄식이라

비겁형세　진을치고　卯木새를　담내나니
선친유산　작은재물　어찌간직　하오리까

모친형제　재혼함은　인수성에　비겁다봉
부모님이　연애하여　총각득자　하였구나

형제간에　재혼함도　비겁태왕　卯木이요
강철같은　그성격은　황우고집　울고간다

작달만한　작은키는　단단하기　그지없고
온몸으로　근육무장　이소령도　승복하네

〔099〕 남명

재물신이 구름처럼 날아갔다

• • •

시	일	월	년
辛	庚	丁	丙
巳	寅	酉	午

酉월庚일　출생인은　양인이라　말을하고
木火성이　태왕하니　양인용겁　하였더라

金水운이　상봉하면　천하영웅　흉내내나
木火운이　도래하면　천지풍파　시작이다

생일지에　역마재는　외화획득　하여보고
庚金성을　제련하니　공업가가　아니더냐

인사역마　항공이라　비행기도　자주타고
역마재관　일지놓아　외국여인　안아봤다

차만타면　옆자리에　이쁜여인　곁에있고
일시간에　寅巳형은　본처해로　어렵구나

丙火자식　록근하여　그자식은　크게되고
양처득자　하게됨도　사주팔자　아니던가

번개같은　세월이라　亥子丑운　좋았지만
寅木마을　지날때에　천지풍파　어찌하리

천금같은　나의재물　구름처럼　날아가니
이순나이　寅木운에　세상쓴맛　보겠구나

[100] 여명

천하미인 절세가인

● ● ●

시	일	월	년
癸	庚	癸	己
未	子	酉	亥

酉月庚일　출생인이　상관살국　놓았구나
土金水에　삼상격은　부귀지명　되었지만

애석한건　신약이라　상관성이　얄미운데
천금같은　未酉봉이　나에게는　요긴하다

모쇠자왕　틀림없어　자식득자　어려운데
겨우겨우　득자함은　년상己土　공덕이라

연입지살　놓았으니　고향에는　인연없고
상관성이　태왕하여　빈천가문　자제로다

중봉조모　모셔봄도　상관성이　태왕인데
그유방이　비대하여　옷맵시가　이쁘구나

금수쌍청　미인이라　늘씬하고　단단한데
일지도화　놓았으니　천하남자　울고간다

신약사주　애기나면　질병손님　찾아드니
그대거나　자식중에　병마손님　방에있고

자식나면　남편꺼져　독수공방　처량하니
그대가슴　한이되어　이슬비가　내리노라

〔101〕 남명

대재력가

● ● ●

시	일	월	년
庚	甲	壬	壬
午	戌	寅	子

寅월甲목　　출생인이　　목화통명　　하였는데
살인상정　　잘도하여　　부귀지명　　틀림없다

상관생재　　식신생재　　존귀지명　　말을하고
寅午戌합　　천금재산　　어느누가　　부인하리

병약상제　　구비함은　　재벌사주　　필수조건
火土운이　　도래할시　　천금재산　　나를찾고

식신생재　　인정많아　　사회사업　　보시하고
장모님이　　나를도와　　큰부자가　　되었다오

庚金자식　　살지않아　　자식보존　　어려운데
재혼하여　　득자하니　　명자식이　　탄생한다

두장모가　　화합함은　　寅戌합의　　공덕이요
본처재처　　화합함도　　일시상합　　공이로다

대자대비　　높은인품　　만인간이　　경하하고
甲木이라　　곧은성격　　대나무가　　따로없다

甲木나무　　잘도자라　　체격좋고　　키도크고
관운장의　　기품이니　　어느누가　　싫어하랴

(102) 남명

귀자득자

• • •

시	일	월	년
壬	丙	甲	辛
辰	午	午	巳

오월이라　丙火태양　광명천지　빛나는데
목화통명　밝고밝아　온천하에,　비추노라

壬水살지　반가워서　양인합살　하게되니
천하권세　그대품에　좋아라고　달려온다

모친님은　살지앉아　동생낳고　병얻었고
간경화나　혈압지병　틀림없는　사실이라

고모숙부　살지하니　비명이나　혈압뇌사
부친님도　작고시엔　병원객사　하게된다

장모님을　봉양함은　일지식상　공덕이요
도화장모　놓았으니　백옥장모　틀림없다

壬水아들　辰土착근　귀한아들　틀림없고
시상일귀　편관성에　그자식이　대성하네

중봉조모　모서봄도　식상간이　첩첩이요
다형제가　진을침은　월지비겁　탓이로다

壬水착근　亥水봉은　역마성에　명예인데
수산업에　모모인사　큰인물이　되었구나

〔103〕 남명

명문가의 아들이라

• • •

시	일	월	년
壬	庚	癸	壬
午	申	丑	寅

丑월庚일　출생인이　상관태왕　하였구나
寅午火국　요긴하여　午火로써　용신잡네

동일가애　아름다워　필시부귀　지명인데
연지寅木　상생하여　귀명구조　이루었다

생연궁에　식신생재　부귀가문　자랑하고
연입지살　놓았으니　동분서주　해외로다

丑寅간에　큰산되어　선조대에　정기받아
돌려돌려　이내몸에　그정기가　몰려온다

상관식신　첩첩하니　중봉조모　있게되고
인수성에　丑寅합은　그모현숙　하게된다

지살재에　처가앉아　그처외국　생활하고
丙火자식　품었으니　해외에서　득자로다

남방마을　행할때에　그명성이　진동하고
부부화합　하게되니　옛말하고　살겠으며

寅午합에　많은유산　그대에게　내려와서
자식손자　대를이어　부자됨이　복이로다

[104] 남명

법조인 아들이 대성

● ● ●

시	일	월	년
壬	癸	辛	丁
戌	未	亥	未

亥월이라　맑은물이　이슬비에　샘물얻고
신왕관홍　만난운명　그대사주　아닌가요

천문성에　용신안고　동일가애　생을받아
천도로써　다스리니　의사거나　판검사라

연일간이　합을하니　부조대가　화목했고
일월간이　합을하니　부모형제　사이좋네

일시간에　천문형권　생살지권　분명한데
용신속에　좌장하여　우주만물　수를본다

자시들이　대성함은　용신상생　공덕이요
亥未합에　손자님이　그가문을　이어간다

戌중丁火　나의처는　연상에서　우뚝서고
어둔하늘　밝게하는　등대불이　되었구요

장모님을　모셔봄은　식상재합　일주이고
고모숙부　배다름은　亥未합한　탓이로다

천문지축　천지기운　그대몸에　임했으니
착한심성　길이보존　홍익인간　하시구랴

[105] 남명

처 흉사

• • •

시	일	월	년
丙	乙	戊	癸
子	未	午	丑

午월이라　사과나무　癸子水가　이슬비라
꽃과열매　갈구하나　불덩이에　말랐구나

이슬비가　그치며는　염천태양　두려운데
염천지월　낙화유실　시든나무　아니겠소

乙未백호　낙정시봉　부부궁에　앉았는데
재다신약　놓았으니　그처간직　어렵다오

사막밭에　과실이라　목말라서　못사는데
샘물찾아　냇가가니　세상시름　없어지네

염세생각　절로나서　이한세상　미련없고
백호탕화　혈광지신　나를오라　손짓하네

소나무라　등라계갑　시냇가에　큰소나무
낙정관살　유인하니　백호탕화　낙정개울

무덤장소　왜갔는가　丙寅염라　마중하니
이승미련　버리어라　처를보고　유혹한다

염천지상　헉헉하니　목말라서　약을먹고
개울물에　몸담고서　다음생을　기약한다

연구

　이 사주가 어찌하여 그 부인이 개울가에서 자살했느냐의 문제를 명리학으로 한번 풀어보기로 한다.

　이 사주는 午月 염천에 乙일생이다. 비록 연상 癸水가 子水에 록근하고 丑중 癸水에 착근하였다고는 하나 주중 火土세력이 너무 강하다. 연상 癸水는 戊癸합하여 없어지고 연지 丑土는 未刑을 만나 흙이 부서졌는데 그 흙이 부서지므로 丑중 癸水가 인출(引出)되어 불덩이에 말라 버리고 없어지니 水는 있으나 마나 한 것이다. 그런데 시지 子水는 子未 원진을 놓고 未중 己土에 파상당해 子水 또한 믿을 바 못 된다. 또한 乙未는 백호대살이요 子未는 육해원진인데 부부원망지상을 나타내고 있다. 그런데 백호궁에 일지 未 부인은 연에서 丑이 刑하니 부인 입장에서는 이리저리 치여서 상처를 받아 꼼짝을 못하는 형상인 중에 바짝 마른 흙이 되어 가슴이 갑갑하게 되어 있는 것이다. 보편적으로 乙未일에 출생하고 재다신약(財多身弱)이나 신왕재약(身旺財弱)을 막론하고 부부가 흉사를 하는 것이 10중 8, 9인데 이 사주의 이치는 부인이 이리저리 치이고 두들겨 맞아서 상처투성이 흙이며 바짝 마른 흙이 되어 그 흉액을 강력하게 나타내고 있는 사주이다. 그런 중에 백호가임에 탕화살에 낙정관살까지 가미하니 이는 무슨 뜻인가. 또한 일주가 너무 신약하여 금방이라도 종재하려고 하나 결코 종재는 안 한다. 그 이유는 乙木이 未중 乙木에 자리하고 있고 일지의 子水를 그래도 보았으며 연상에 癸水가 丑중 癸水에 근하였으니 종재는 아니다. 따라서 겨우겨우 내 한 몸도 살기 어려운 사주다. 본인이나 처나 둘 중에 하나는 당하게 되어 있는 것이 정법인데 태강자 선절(太强者 先折)의 법칙에 의해 강한 자가 오히려 먼저 끊어지게 된 것이다.

　그러면 왜 개울가에서 목을 매달아 자살하였느냐의 문제를 한번 풀어 보기로 하겠다. 그것은 未土, 즉 처 입장에서는 불덩이에 타들어 가니 너무나 가슴이 답답하다. 고로 물을 갈구하는 것은 당연한 이치인데 바로 옆에 子水란 자가 있으니 그 子水의 샘물이 그리워진다. 그리고 물상에서는 子水는 샘물이요, 작은 물이요, 이슬비 같은 맑고 맑은 물이 되는 것이다. 그런데 지지에 있으니 샘물이 흐르는 곳이 되며 이는 개울이나 작은 연못 아니면 작은 샘이 되는 것이다. 그런데 작은 개울이 된 것을 어찌 알 수 있었느냐의 문제는 연은 뿌리요 조상이요 나라요 윗대를 상징하는 고로 연에 癸丑이라는 물의 근원이 있는데 그 물이 땅속으로 흘러 子水에 왔다고 그림을 그려보면 된다. 이는 먼 곳 땅속에서 지하수가 흘러 샘물이 나오는 이치로 생각하면 빠르다. 고로 먼 곳에서 흘러 흘러 나온 곳은 작은 개울이다. 또한 未중에는 乙木이 있는데 꼭 사주에 이치가 未土는 작은 흙이 되니 작은 흙이 있고 작은 물이 있고 未中 乙木은 작은 나무이니 작은 나무가 있는 곳이라 생각하면 되는 것이고, 을목은 항상 갑목을 갈구하는 고로 작은 개울가의 그중에서도 큰 나무라 생각하면 뭔가의 답이 나온다.

　다음 未는 木의 고장(庫藏)이요 庫는 무덤이며, 未土 입장에서는 목고(木庫), 즉 남편고(부성고=夫星庫)가 된다. 그리고 丑庫가 나를 쳐서 子水로 밀어낸 그림과 같다. 자세히 보면 연에서 丑土가 나를 쳐서 子水 있는 곳으로 가라고 충동질했다고 생각해 본다면 뭔가 그림이 그려지지 않나 생각한다.

　그러면 백호살에 낙정관살에 파형지 木에 墓宮까지는 설명을 하였으나 왜 목을 매어 자살하였느냐의 문제는 좀 어렵다. 이치적으로 말하면 사고는 사고가 맞는데 탕화살이 월지에 있으니 이는 약을 상징하는데 어찌하여 목매어 자살이냐가 사실 문제다. 이는 아무리 옆에서 丑午 탕화살이 충동질한다고 해도 未는 탕화살이 아니며 단지 백호살일 뿐이고 未中에는 乙木이 있으니, 즉 무덤고에 작은 나무(등라계갑을 갈구하여 큰 나무라 표현함)가 있으니 그 죽음은 작은 나무와 연관되게 된 것이다. 또한 연지 丑을 자세히 보면 참 묘한 것을 발견하게 되는데 丑午 탕화살은 丑中辛金은 모래알, 자갈, 즉 작은 쇠를 상징하고 午는 藥인데 끓는 약, 양잿물, 키리네 같은 것으로 해석할 수 있으며 乙日 丙子시에 子는 낙정관살이라. 이는 우물, 맨홀, 낭떠러지에서 떨어짐을 말하는 것이요, 이 중 乙木은 나무를 상징하는데 이는 木의 庫, 즉 墓地다. 고로 물기(癸丑=子水)가 있는 개울 도랑 바위(丑은 작은 바위이고, 丑中癸水는 계곡 개울이며, 未中乙木은 무덤 곁에 나무)에서 처가 자살하였다고 추리할 수 있다.

[106] 남명

재혼 작첩

● ● ●

시	일	월	년
戊	甲	癸	壬
辰	子	卯	寅

卯월甲일　출생인이　천지당권　水木이라
시상편재　군비쟁재　이게무슨　말인가요

戊土재가　뿌리혼들　水살국에　없어지니
작은재물　곁에놓고　부모형제　다투노라

인수성이　작합하니　모친님이　이상하고
월건도화　놓았으니　후처소생　아니던가

비겁형제　암합이라　이복형제　있겠는데
일월간이　충극하니　형제사이　불화로다

子卯형에　도화바람　송사바람　틀림없어
부부지간　애정문제　밤낮싸움　이별이다

재혼해도　작첩바람　그대근성　못면하고
도화밭에　춤추면서　일배이배　삼배로다

부친님도　주색잡기　그병으로　세상뜨고
모친님이　눈물세월　불쌍하기　그지없다

午未운에　큰돈벌어　잠시안락　하였으나
申酉운이　도래하자　먼지처럼　날아갔다

[107] 남명

독수세월 고환빈이라

● ● ●

시	일	월	년
己	乙	癸	己
卯	卯	酉	亥

팔월달에　등나무가　이슬비에　젖었으니
가을추수　갈구하나　꽃못피니　열매없다

비겁형제　진을치니　서로서로　엉키는데
등라갑목　갈망하나　이사주엔　무봉이네

일월간이　상충하니　부모형제　불화하고
월지재살　앉았으니　관재송사　두렵구나

부친님은　살지앉아　객사거나　위장질환
壬申운이　도래할때　부친횡액　있었구나

연시己土　누구더냐　나의처요　재물이라
水木성이　공격하여　흔적없이　사라지네

오십이라　이순인데　무정세월　한탄하고
일지도화　앉았으니　여자생각　많이난다

작은재물　들어오면　흔적없이　사라지니
허공에뜬　재물인데　어찌보존　하오리까

己土재물　탐이나서　허공찾아　헤매이니
몽상가의　꿈을안고　한평생을　살겠구려

[108] 남명

자식 눈 이상

시	일	월	년
丙	庚	癸	甲
子	辰	酉	寅

庚일생이　월봉酉는　양인이라　말을하고
신왕사주　되는것은　사주기본　아니던가

그리하나　이사주는　水木火에　신약지변
土金운이　당도하면　재물곳간　차게된다

재다신약　놓았으니　부잣집에　빈객지명
득비이재　하게되니　동업합자　돈을번다

연상甲木　우뚝솟아　부잣집에　명문가문
선대풍요　자랑하며　어린시절　보냈구나

월지상관　부친대라　부친님에　손재했고
조부재산　반절하니　집안가산　기울었다

생년지살　놓았으니　고향밭에　쑥대나고
쩌렁쩌렁　목소리에　구레나룻　눈썹일세

편재역마　놓았으니　외화또한　벌어보고
庚辰일에　출생인은　음식이나　공업이라

노래에는　성재하나　중년에는　고생인데
丙火자식　水살국에　꺼질까가　염려된다

〔109〕 남명

부잣집 아들, 노후 재벌

시	일	월	년
壬	癸	丙	丁
子	丑	午	未

사주팔자　추리할때　신강신약　구별하고
계절따라　천지이치　조후상황　구별하소

그대사주　앞에놓고　요리조리　둘러보니
한여름에　이슬비가　그대사주　아니던가

火土세에　이슬비가　구름되어　떠나려다
壬水봉지　하게되어　너무너무　반갑구나

격국용신　논해보니　편재용겁　사주인데
시지귀록　요긴하여　귀록용겁　하입시다

연월성에　재관성은　왕후장상　집안이요
정편재가　득립하니　큰부자의　집안이라

정편재가　혼잡하니　이복고모　숙부있고
그형제가　화합함은　午未합에　공덕이라

형제유득　하게됨도　일지귀록　공이구요
현처인연　만난것도　귀록용신　덕이로다

金水마을　지날때에　재물신도　함께와서
집안가득　곡간채워　서생원도　춤을춘다

[110] 여명

자식이 크게 성공한다

• • •

시	일	월	년
辛	壬	癸	己
亥	寅	酉	酉

酉월壬일　출생인이　천지만국　金水로다
술사들은　이를두고　신왕이라　말한다네

壬水설기　寅木찾아　잘도설기　시키는데
동기간이　합을하여　서로도와　주는구나

금수쌍청　위도하니　맑은심정　그지없고
천문성을　상봉함에　글재주도　뛰어나다

인수성이　당권하니　그모친이　장수하고
부친님이　암장하여　집안가권　모가쥐네

일육수에　그형제는　여섯이나　일곱이고
己土남편　허약하여　남편보존　어렵더라

암장식관　합을하여　연애결혼　처녀포태
예식전에　남산배로　기웃기웃　걸었다오

그대천직　선생이나　예능분야　되옵는데
인수성에　상관성은　예능에도　더러있소

자식득자　하자마자　그남편은　없어지며
상부하자　돈버는게　그대사주　아니던가

(111) 남명

결혼하고 큰돈 번다

• • •

시	일	월	년
丙	丁	丁	丙
午	丑	酉	午

酉월丁일 출생인이 火土金에 삼상하니
천지기운 金에모여 부귀지명 틀림없다

생월궁에 기취합은 명문가의 후손이요
부친님이 재정이나 금융계에 많이본다

丁丁壬에 귀한자식 가문현적 빛을내고
예쁜아내 만난것은 재성도화 공덕이라

재록도화 놓았으니 결혼하자 승승장구
아드님이 득자하자 승진운도 따라온다

丙丁일에 火土나는 뚱뚱한변 체격인데
식신생재 잘도하여 후덕하기 그지없다

장모봉양 하는것은 일지식상 공덕이요
장모님이 내자식을 고이고이 키워줬다

金水마을 지날때는 일확천금 돈을벌고
동방마을 지날때는 뜬구름에 소멸컨대

알뜰살뜰 간직하여 노후보장 잘하시고
경기도나 수원쪽에 농토많이 장만하소

〔112〕 여명

초년 과부 사주로다

• • •

시	일	월	년
丙	乙	辛	壬
子	丑	亥	子

亥월乙일　출생인이　천지만국　金水로다
亥子丑월　乙일생은　기생에서　많이보고

시상상관　놓았으니　그의미가　더강하다
그대사주　앞에놓고　사주감정　하여보세

요리조리　둘러봐도　아무래도　이상한데
부성입묘　살지하니　파격지상　틀림없다

연월성에　인수성은　똑똑함을　나타내고
시상丙火　설기성은　교육지상　나타낸다

아는것을　배설하니　선생이나　학원강사
그리해도　남편궁은　좋은소리　못하겠네

월상辛金　금황수저　丑중辛金　부성입묘
金水운이　당도할때　남편상부　나타내고

결혼하자　남편님이　시름시름　병마구요
자식님은　水에꺼져　눈이상이　두렵구나

火土마을　지날때는　의식걱정　없겠으나
金水마을　다시오면　재물관리　신경쓰소

[113] 여명

자식이 성공한다

• • •

시	일	월	년
戊	辛	辛	己
子	丑	未	酉

未월辛일　출생인이　삼상격을　이뤘구나
천지간에　에너지가　자식궁에　집결하고

인수성에　맑은문창　자식대로　내려가고
사주무관　하였으니　부귀지명　되었구나

이런격에　관성봉은　필히상부　못면하나
무관성에　남편님은　존귀하게　되겠구나

연월일시　삼중인수　대학자가　틀림없고
편정인수　중봉함에　양모서모　모셨더라

未중乙木　부친님은　刑破金세　고립인데
재행열차　파극하면　부친흉액　있게된다

육음조양　巳봉요합　나의관직　존귀한데
시봉子시　자식이라　그자식도　대성이다

식신으로　설기하니　인정많은　여인이요
어느집을　방문해도　빈손으로　안가더라

작은몸매　단단한몸　土金과다　때문이고
바른기품　몸에배어　절개또한　강하더라

[114] 남명

법조인 딸딸이 집

● ● ●

시	일	월	년
戊	辛	戊	己
子	亥	辰	酉

사주팔자　감명할때　단식판단　하지말고
격국용신　둘러보고　요리조리　감명하세

木火성은　무봉인데　辛일생이　戊子시라
單逢子에　무火하니　육음조양　진격이네

巳火관이　나를찾아　요합함에　진미인데
巳火관은　태양이라　광명천지　빛나누나

생일지에　천문하니　만인간에　사표되고
巳戌라망　형권하여　바른길을　인도한다

상관식신　첩첩하니　중봉조모　있게되고
상관성이　태왕하여　아들득자　어렵구나

천문속에　그아내는　착하기가　그지없고
장모님을　봉양함도　일지천문　그탓이라

생일지에　역마살은　해외자주　드나들고
천도지상　설파하여　국익선양　하겠구요

육음조양　천문봉은　의사거나　판검산데
어느곳에　진출한들　명진사해　되오리다

〔115〕 여명

신경쇠약 앓아본다

시	일	월	년
戊	辛	丁	庚
子	酉	亥	子

亥월辛일　출생인이　戊子시에　출생인데
월상丁火　남편님을　어찌하여　만났느뇨

육음조양　관살봉은　파격지명　분명한데
무관살에　존귀함을　그대아직　모르는가

월봉역마　상관성은　조부때에　패가인데
조부부친　패가하여　장독살림　비었구나

상관성이　중봉함은　양조모를　두게되고
자식득자　하게되면　질병손님　찾아온다

생일지에　음양차착　외가집이　고독하고
결혼하자　시가댁은　추풍낙엽　집안됐네

상관성이　태왕하여　자식나면　상부지상
丁火남편　水에꺼져　저세상에　당도한다

일시간에　귀문관살　신경쇠약　두려운데
신약사주　득자하면　세상병이　손님이라

동지섣달　긴긴밤을　달빛밑에　홀로앉아
한잔술을　기울이며　신세타령　세월이다

〔116〕 남명

교통사고 다리불구

• • •

시	일	월	년
甲	癸	己	辛
寅	丑	亥	卯

癸丑일에　출생인이　甲寅시를　만났구나
형합격에　파격인걸　척하며는　알겠는데

상관경관　놓았으니　어느것이　더강하냐
서로밀고　전쟁하니　사주환란　끝이없다

억부강약　구별하여　요리조리　둘러보니
상관성이　강권함을　척보며는　알겠수다

상관견관　흉화백천　시결에도　나오는데
그대사주　어찌하여　그시결에　해당되뇨

癸丑일에　甲寅시는　교통사고　두려운데
상관운이　다시올때　흉화지액　두렵구나

식상관이　중봉하여　중봉조모　모셨구요
寅중丙火　부인인데　공방살에　부인이라

월명지하　신음지한　시상상관　탓이온데
寅중丙火　나의처는　어느세월　오려는가

광음같은　세월이라　육십줄이　다가와도
이쁜색시　아니오니　도화꽃에　망신일세

(117) 남명

불효자식 속썩인다

● ● ●

시	일	월	년
壬	壬	癸	戊
寅	辰	亥	申

亥월壬일　출생인은　신왕사주　되겠는데
호수물이　출렁이니　도랑쳐서　설기하세

寅亥합木　반가워서　설기구를　찾았으니
木火운이　도래하면　행운지객　틀림없고

金水마을　지날때는　세상풍파　겪게되나
전생공덕　많이쌓아　육십갑자　木火로다

비겁성이　연좌하여　이복형제　진을치고
상관성이　연합하니　조부님이　이상하다

寅중丙火　부친님은　역마성에　앉았는데
연지申이　파극하니　객사죽음　못면한다

연상戊土　누구더냐　나의아들　되었는데
상관살국　몹쓸놈이　호시탐탐　노리네요

상관견관　싸움하나　겨우겨우　보존함은
戊癸합의　공덕으로　겨우겨우　보존한다

불효자식　한탄마소　불연이면　무자하니
그대옆에　있는것도　감지덕지　해야겠소

[118] 여명

상부 그러나 큰 부자

● ● ●

시	일	월	년
乙	甲	辛	壬
亥	戌	亥	辰

亥월甲일   출생인이   갑목맹아   되었는데
水살국이   당권하여   발아하기   어렵더라

辰戌충에   재개고는   반갑기야   하지마는
호수물이   출렁일제   나의재물   흔적없네

火土운이   도래하면   일발여진   일어나고
金水木운   상봉할제   구름처럼   없어진다

未巳午운   반가워서   큰재물을   모았지만
중년申운   도래할제   남편님이   떠났구나

戌중丁火   자식님은   충출되어   꺼지나니
한치앞을   보려하니   돋보기냐   안경이냐

암장비겁   투출하니   이복형제   있사온데
부친님이   임종시에   알콜이나   간경화요

화개성이   일지앉아   부처인연   맺어지고
戌중戊土   살길이라   재물에만   관심있소

甲木자를   파자하면   밭전자가   틀림없고
여관건축   사업에서   득재억금   하게된다

〔119〕 남명

의사

시	일	월	년
庚	戊	丙	壬
申	戌	午	寅

戊日申時　식신격에　丙丁火를　보았구요
연지寅木　보았으니　별격으로　추리하세

戊일이라　신왕하여　庚金성에　설기하니
그대이름　가상관에　존귀지명　되었구나

金水운이　당도하면　천하영웅　되겠으나
火운봉지　인수운은　천명보장　못한다오

寅午戌에　인수역마　이내몸과　합을하고
역마로써　설기하니　해외유학　하였구나

工水살지　부친님은　염천지하　고립되니
초년부친　이별이요　홀어머니　키우셨다

일혹시건　놓았으니　의사거나　판검사고
자존심이　대단한건　상관격의　특기라오

戊일火국　놓았으니　그체격이　장대하고
매일매일　운동하나　살빼기가　어렵수다

천금같은　장모님이　나를도와　일으키니
이리저리　효도하여　명가문을　만들구려

[120] 남명

행복지남, 현처 귀자

● ● ●

시	일	월	년
庚	癸	丙	壬
申	卯	午	寅

오월이라　염천지월　이내몸은　이슬빈데
丙火태양　뜨거워서　샘물근원　찾는구나

庚申금의　수원찾아　이내몸이　의지하니
술사들은　이를두고　용인격에　귀라더라

金水마을　달릴적에　왕후장상　안부럽고
木火마을　달릴적에　신고풍파　가애로다

육십평생　좋은운은　전생공덕　덕이온데
모친님이　밤낮으로　그댈위해　촛불켰다

생일지에　도화장모　나의귀인　앉았으니
현처귀자　두자식은　가문현적　빛내구요

순환상생　화기집결　그대재물　되었으니
세상사건　주무르는　재정분야　인재로다

壬水형제　살지앉아　나의형제　객사하고
인수성이　투근하니　그모현숙　자애롭다

이슬비의　맑은지혜　寅申형에　형권주니
이승에서　선업지어　다음생도　복받구랴

(121) 남명

종일 분주 고환빈이라

● ● ●

시	일	월	년
丁	丙	甲	丙
酉	午	午	午

丙일생인　木火왕에　천지만국　불덩이라
천지만물　고갈하니　무엇이들　자라리요

염상격에　酉金봉은　파격지명　틀림없고
군비쟁재　누구더냐　그대사주　아니던가

작은보석　불에녹아　흔적없이　사라지니
작은보석　무엇이냐　그대재물　아니겠소

酉金재가　그리워서　몽상가의　별명얻고
일확천금　노려보나　그대것이　아니라오

酉金성은　누구던가　부친이나　부친형제
불덩이가　잡아가니　객사거나　혈압이라

벼락같이　여자만나　벼락같이　헤어지니
이름하여　뇌봉전별　술사들은　말하더라

연월일시　도화봉은　항시여자　그리운데
자형살이　불덩이라　성질급해　감옥간다

천상천하　유아독존　그대제일　잘났으니
어느누가　그대에게　말한마디　하겠는가

[122] 여명

무자

● ● ●

시	일	월	년
甲	甲	辛	癸
子	子	酉	卯

자요사격　좋다마소　관성봉지　흉명이라
관성酉金　되었으나　충파당해　파격이네

연일시에　삼중인수　똑똑하기　그지없고
甲木착근　寅木하니　해외에도　가봤구려

추월甲일　소나무가　무화무실　하였으니
인수효신　가중하여　자손낳기　어렵수다

산천초목　백일정성　백약무효　소용없고
삼신님도　돌아앉아　곁눈질도　아니한다

辛중酉金　누구더냐　나의남편　틀림없고
卯酉충에　파극받아　그뿌리가　뽑혔구나

삼생가약　부부지연　거문고가　끊어지니
추수명월　바라보며　탄식한들　소용없네

卯酉충에　생살권은　의사거나　설계사고
甲木봉지　소나무라　그중심이　바르도다

여명사주　甲子일은　우두머리　기질이니
어느누가　이여인을　품에안고　감싸주리

[123] 여명

남편 출세, 명문가에 행복지녀

● ● ●

시	일	월	년
戊	甲	己	癸
辰	子	未	巳

하월甲일　출생인을　어찌하여　나쁘다뇨
그대사주　논해보고　팔자타령　하여보세

未월甲일　신약이나　子辰水에　샘물얻어
맑은샘물　오곡풍요　틀림없는　사실이라

월지未는　가문인데　조선에서　제일이요
부귀공주　명문대에　백옥선녀　아니더냐

재인투쟁　돌려돌려　재인상생　되었으니
일만금을　하루써도　금전창고　안마른다

남편님은　巳中庚金　양인합서　乙木이라
출세지상　하게됨을　그누구가　아시리요

甲子일에　출생하여　중심있고　똑똑하여
그대남편　출세함은　그대공덕　반이넘네

부창부수　노래하며　만백성을　살리나니
사후에도　그대이름　길이길이　빛나리다

(124) 남명

평생 작사가 난망이라

● ● ●

시	일	월	년
己	辛	壬	壬
丑	丑	寅	寅

축요사격　좋다마소　이사주는　아니라오
정월달에　辛일생이　水木봉에　신약인데

巳火관을　요합하면　천지풍파　일으키고
木火운이　당도할제　어찌풍파　견딜쏜가

식상관이　중봉하니　조모님이　두분인데
암장장모　연좌하여　장모또한　두분이라

재다신약　그대사주　필수조건　보조인데
土金운은　아니오고　어찌木火　운이더냐

상관생재　연월보아　재물욕심　많겠는데
작사불성　하게되어　고환빈의　사주로다

寅중丙火　자식나자　부인님이　권세잡고
집안호령　하게되니　마누라가　겁이난다

역마성에　처있으니　두눈감고　세상살고
보고듣고　하지말고　쥐죽은듯　하시옵고

만일본인　주장펴면　백발백중　쫓겨나니
그런대로　한세상을　편히살다　가시구려

[125] 남명

부귀지명 자랑한다

● ● ●

시	일	월	년
甲	甲	壬	戊
子	子	戌	戌

甲子일에　甲子시는　자요사격　틀림없고
庚申辛酉　丑午무봉　진격사주　되었구나

천간戊土　당권하니　명문가의　자손이요
부친님이　홍재성업　가문족보　일으켰네

巳중庚金　요합하니　자요사격　진미하니
명자식이　득자하니　이름하여　귀자로다

회합제귈　천문성을　월일간에　놓았으니
궁전출입　나라일에　그대공헌　많게되고

戌중丁火　장모님이　나를도와　부귀하니
모친같이　장모효도　필히명심　하시구려

회합제귈　삼중인수　박사학위　받겠으며
甲子일에　출생하여　우두머리　소망이요

낙락장송　푸른나무　사시사철　변함없어
곧은지조　바른인품　만인간이　칭찬한다

재인투쟁　흉타마소　이사주는　아니오니
자요사격　진격되어　천하영웅　되었다오

[126] 여명

타생 자식 부양

●●●

시	일	월	년
壬	丁	壬	戊
寅	丑	戌	申

戌월丁일　　출생인이　　三壬暗透　　봉지하니
술사들은　　이를두고　　명암부집　　이라한다

이내몸을　　곁에두고　　두남자가　　싸우는데
申중壬水　　재물남자　　나를두고　　유혹하네

丑중癸水　　남편님은　　丑戌형에　　파극되니
밤낮으로　　곁눈질에　　안중에도　　아니들고

재생관살　　申중壬水　　허울좋은　　남자기에
내몸주고　　뺨맞으니　　억울하기　　그지없다

시지인수　　요긴하여　　도덕인품　　논하지만
밤만되면　　잠못자니　　이를어이　　하오리까

인수성이　　합을하니　　학원가에　　몸담고서
구호스승　　하였지만　　사생활은　　난잡하다

관식동임　　합을하여　　부정포태　　있어보고
식상관이　　혼잡하니　　남의자식　　키워본다

추월丁일　　金水왕은　　양귀비도　　울고가고
丁火꽃이　　향기품어　　천하나비　　머무르네

사주 팔언독가(八言獨歌)

〔127〕 여명

결혼 몇 번 실패

● ● ●

시	일	월	년
壬	甲	辛	癸
申	戌	酉	巳

가을날에　사과나무　하늘에는　폭우오고
돌산위에　사과나무　어찌편히　결실하랴

壬癸水가　폭우되어　가을비가　몰아칠때
이내몸은　돌산위서　이리저리　흔들린다

명암부집　암관투관　이리저리　나를치니
내몸주고　뺨맞는게　그대사주　아니드뇨

연약한몸　의지하려　눈물로써　의지하나
무정한게　남자던가　이내마음　몰라준다

시모봉양　지극정성　마음잡고　살고프나
바람같은　이내마음　낸들어찌　하오리까

戌중丁火　자식님은　미가규녀　포태하고
甲木이라　살지않아　허리관절　안좋더라

연입지살　놓았으니　친정멀리　떠나살고
그대혹시　출신지가　돌산강원　아니신지

이곳저곳　의지하려　분단장을　다시하나
巳火자식　그리워서　눈물로써　후회한다

〔128〕여명

과부

시	일	월	년
甲	壬	癸	己
辰	子	酉	丑

酉月壬일　　출생인이　　壬子일에　　양인이라
여명에는　　태과하여　　파격되기　　쉽겠구나

甲木당권　　설기하니　　가상관격　　사주이고
관살혼잡　　되었으니　　허실한흙　　되었다오

허허실실　　실실허허　　허하면서　　많았는데
부성입묘　　시지辰이　　부성입묘　　되었구나

자식나면　　필부지상　　木剋土로　　내리치고
甲木자식　　백호살도　　파도따라　　없어지네

壬子일은　　음식영업　　취재득금　　하게되고
유금칼이　　잘도썰어　　횟집하면　　좋겠구나

양인궁에　　酉金봉은　　횟집에서　　많이보고
甲木으로　　설기하니　　음식맛이　　기막히다

壬癸일생　　태운몸은　　백두낭군　　인연인데
초혼안보　　한다는건　　지극히나　　어렵다오

남편자식　　보내고서　　긴긴세월　　독수컨대
음식공덕　　많이하여　　이승업장　　갚는구나

(129) 남명

현처 귀자 부귀로다

• • •

시	일	월	년
甲	辛	辛	丙
午	巳	丑	申

동월辛일　출생인이　巳丑합에　신왕이라
작은쇠를　제련하여　명보석이　탄생했다

관살혼잡　흉타마소　이사주는　아니온데
거류서배　되었으니　부귀지명　틀림없다

엄동이라　동일가애　사랑스런　불길인데
목화통명　빛이나니　그밝기가　찬란하다

역마지살　일주합에　해외만리　출입하고
역마관에　명예있어　국제적인　인재로다

결혼하자　재관명에　구름같이　일어나고
복덩이의　처를만나　일사천리　인생이네

午火자식　생을받아　그자식이　대성하고
부부지간　화합함은　일시합한　공이라오

巳丑합에　비겁성은　이복형제　나타내고
己土모친　상했으니　모친장수　어렵구나

육십년을　행운받다　子운마을　당도할제
용신님이　파상당해　그대신명　걱정된다

[130] 남명

떠돌이의 인생이라

• • •

시	일	월	년
甲	丙	甲	丙
午	寅	午	申

오월염천 더운달에 하늘에는 태양두개
지지午火 불이붙어 온대지가 타고탄다

불덩이가 휘감으니 이리저리 뛰다니고
헉헉대는 이내가슴 무엇으로 끄오리까

역마지살 연일놓아 고향에는 무익하고
寅申형에 파극당해 선조유산 흔적없다

편재성이 봉형하니 부친님이 객사하고
더운여름 물가에서 그대부친 가셨다오

비겁성이 진을치니 이복형제 있사온데
모친님이 나데리고 재혼하여 키웠구나

군비쟁재 그대사주 형제동기 무익하고
파재극부 손처상처 그대사주 아니더냐

평생작사 불성하여 의식걱정 하게되니
동식서숙 다니면서 일거리를 찾는구나

더운여름 다리밑서 한잔술과 친구하며
부평초의 그대신세 탄식한들 무엇하리

[131] 여명

남편이 집나가 딴 여자와 동거

시	일	월	년
丁	庚	丁	辛
丑	申	酉	丑

酉월庚일　출생인은　강철같은　쇳덩이요
丙丁火를　못만나면　금실무성　하게된다

쇳덩이도　제련해서　속비어야　소리나며
명검또한　갈고닦아　제련할때　보검인데

쇠뭉치가　돌덩이니　어찌작품　만들쏘냐
술사들은　이를두고　금실무성　이라네요

비겁겁이　월지앉아　다형제가　틀림없고
그모친에　질병수족　많은고생　하였으며

자매깅깅　하였으니　이녀동부　싸움인데
그대남편　나를두고　흔적없이　떠나간다

강철같은　그고집에　어느남자　견딜거며
항우장사　여걸인데　남편님은　내싫단다

丁火남편　뿌리없어　자리잡기　어려운데
자식님이　탄생하자　자고나니　남편없네

강철같은　그대몸은　단단하기　그지없고
헬스운동　아니해도　근육으로　무장했다

[132] 여명

삼귀득위 오복이라

• • •

시	일	월	년
甲	丁	庚	壬
辰	未	戌	辰

여명신약　아름다워　능봉남편　하지마는
신강이면　불미하여　남편말을　거역한다

그대사주　둘러보니　신약사주　틀림없고
甲木인성　요긴하여　바르기가　그지없다

인수성이　용신하니　문창성이　뛰어나고
바른절개　송죽같아　공주취급　받고산다

재관인에　삼반귀물　천간투출　하였으니
부귀공명　모든명예　그대에게　다췄구나

木火운에　도래하면　모든복록　취하는데
육십평생　木火운이　대문앞에　앉았구나

화개성이　중중하니　조모님이　불신자고
丁未일에　출생하여　석가존하　염불이라

외삼촌이　몰락함은　일지음착　때문이요
부조간에　각거함은　연월상충　탓이라네

부창부수　노래소리　집안향기　가득하니
이승에서　베풀어서　다음생에　또받으소

(133) 여명

명문가의 자손님이 명문가를 만드노라

시	일	월	년
戊	甲	癸	庚
辰	子	未	辰

甲子일에　출생녀는　신강하여　걱정인데
그대사주　둘러보니　신약으로　변했구려

재다신약　놓았으니　너무신약　걱정되나
子辰水에　샘물얻어　너무나도　반갑구나

水木운이　지날때는　남편재물　진동하고
火土마을　지날때는　곤고세월　보내리다

결혼하자　水木운이　번개같이　나를찾고
남편시모　좋아라고　내손잡고　춤추더라

재관인에　삼반귀물　그대사주　되었으니
어느누굴　만나거나　필히출세　시키고요

未중丁火　자식님이　꽃피우고　열매맺어
그대자식　출세함도　당연지사　아니던가

정편재가　혼잡하여　고모숙부　색다르고
재인합에　시모봉양　그시모가　두분일세

인수합국　놓았으니　선생이나　교수인데
소나무가　생을받아　그체격이　크고좋다

〔134〕 여명

상부 초년 과부

● ● ●

시	일	월	년
癸	己	丙	丁
酉	未	午	未

午월달에　　己일생이　　丙丁火에　　신왕이라
시지酉金　　요긴하여　　식신생재　　아름답다

정편인수　　혼잡하니　　생모서모　　양모있고
癸水부친　　고갈하니　　부친인연　　없어진다

인수성에　　역마하니　　타도타향　　유학이요
학창시절　　수재소리　　틀림없이　　들었수다

식상간이　　합을하니　　그유방이　　장대하고
언어발달　　명랑하니　　많은사람　　호감이다

午未탕화　　몸에합해　　화상지액　　흉터있고
불연이면　　음독함에　　항시주의　　하시구요

未중乙木　　부성입묘　　무덤가에　　앉았는데
화마신이　　노려보니　　그남편이　　염려로다

酉金자식　　자식나자　　벼락같이　　없어지니
그대아직　　모르셨소　　자식나면　　과부란걸

金水마을　　행운인데　　평생금수　　마을하니
식신생재　　요긴하여　　돈복에는　　걱정없다

(135) 남명

장모 봉양 출세더라

● ● ●

시	일	월	년
庚	辛	戊	甲
寅	亥	辰	午

삼월달에　辛金이라　신약사주　되었는데
시지庚金　반가워서　그런대로　의지하세

작은쇠를　불에녹여　세숫대야　물에담고
이리저리　반복하면　명보석이　탄생하네

午火로써　불피우고　亥水물에　담그나니
명보석이　탄생함을　어느누가　아시련가

甲木재가　록근寅木　재물복도　많사온데
亥水장모　반가워서　재벌소리　듣겠구나

일지식상　귀인합에　죽은조모　나를돕고
결혼하자　장모님이　나를도와　대성이라

왕후장상　자식둠은　寅午합에　공덕이요
현처인연　복을줌은　寅亥합에　덕이로다

외국담장　넘나듦은　역마인합　때문이요
천하문서　몸에옴은　월상戊土　공덕이라

조상대에　천석집안　손대까지　내려가니
이승에서　베풀어서　다음생도　기약하소

〔136〕 여명

자살한 비운의 여인, 일자 병사

• • •

시	일	월	년
丁	甲	壬	壬
卯	申	子	寅

甲乙일생　亥子월은　부목지상　되었으니
이리저리　떠다니나　어디에서　안착하리

이곳저곳　이사하여　안정생활　하려해도
눈보라가　몰아치니　그것또한　어렵구나

그대사주　그림그려　화폭에다　담아보니
호수물에　작은암석　바위위에　소나무라

겨우겨우　지탱함을　어느누가　아실거며
申金폭우　합세할때　호수물이　출렁인다

卯申귀문　놓은여성　신경쇠약　앓아보고
申金남편　의지하나　물에잠긴　돌이로다

황금같은　자식님이　水살국에　꺼지는데
정화불빛　꺼졌으니　심장이나　혈액지병

甲乙일생　火자식이　주중水왕　만난자는
십중팔구　안맹하니　시력걱정　있게되고

불연이면　병마질액　노심초사　걱정인데
어찌하여　자식두고　그대먼저　가시나요

[137] 여명

해외에서 홍등가라

● ● ●

시	일	월	년
壬	辛	辛	丁
辰	亥	亥	酉

亥월辛일　출생인이　상관살국　만났구나
丁火남편　살지앉아　보존하기　어려운데

水살국이　공격하니　어찌남편　보존하리
결혼하면　뇌봉전별　틀림없는　사실이라

丁火착근　午도화는　연지봉지　하였으며
辛金착근　酉도화는　이내몸에　앉았구나

亥水역마　물결따라　이리저리　떠돌다가
亥중甲木　탐이나서　현해탄을　건너누나

寅운마을　다시재혼　안정하려　애를쓰고
남의자식　키워주고　전생업을　갚아간다

모쇠자왕　되었으니　자식낳기　어려운데
만약자식　득자하면　그대몸이　상하는데

신약사주　득자하면　세상질병　다오나니
이것저것　생각말고　마음편히　사시구려

초년시름　세상풍파　사서라도　한다는데
고란살을　참고하고　그런대로　보내소서

〔138〕 여명

외국 남자 상부로다

시	일	월	년
庚	丙	甲	戊
寅	寅	寅	午

寅월丙일　출생인이　태양조명　빛이나니
목화통명　밝은지혜　세상천지　베푸네요

월일시에　삼중역마　해외만리　나가보고
인수역마　놓았으니　해외유학　하였구나

寅寅寅이　암합하여　亥水관을　당겨오니
亥水역마　외국남자　국제결혼　인연이라

丙록재巳　庚록재申　巳申형이　되었는데
庚寅년이　당도하자　寅巳申형　되었구나

남편님이　심장병에　비명횡사　하였는데
친구형제　모여앉아　대성통곡　탄식했다

예쁜공주　혼혈아가　똑똑하기　그지없고
학원사업　번창하여　천금만금　벌었으며

선대풍요　있는집안　부귀가문　틀림없고
丙火일주　木火왕은　조금뚱뚱　하게된다

재혼불성　평생독수　재물에만　신경쓰고
육영사업　많이하여　다음생을　기약하소

[139] 여명

모친님이 동생 낳고 산망했네

• • •

시	일	월	년
庚	壬	辛	壬
子	子	亥	寅

여명사주 壬子일은 양인이라 말을하고
亥월壬일 출생인은 극신왕에 사주로다

천지만국 호수물이 庚辛만나 파도인데
물길찾아 헤매이다 寅亥합木 찾았구나

가상관격 부귀지명 틀림없는 사실이나
애석한건 금황수저 庚辛金이 아니더냐

庚辛金은 누구더냐 그대모친 되었으니
그대형제 동생들이 그대모친 잡아갔소

庚金양모 모셨으나 水살국에 앉아있고
역마성이 가임하여 그모친도 도망갔네

초년고생 한탄마소 중년이후 크게성재
죽은조모 그댈도와 부자소리 들으리라

壬子일에 출생녀는 음식업을 많이하고
김치장맛 잘담그니 온동네가 칭찬이라

자식님이 용신앉아 천하영걸 귀자두고
申金마을 지날때에 교통사고 났었구나

[140] 여명

자궁 수술

● ● ●

시	일	월	년
庚	辛	己	辛
寅	巳	亥	巳

亥월辛일　출생인이　천간봉지　金세로다
재생관살　요긴한데　월지亥는　어이하리

연일상충　하였으니　부조간에　각거했고
일월충극　하였으니　부모형제　불화로다

巳중병화　일지앉아　연애결혼　개화지녀
역마성에　남편앉아　독수공방　세월이라

일시간에　삼형살은　부부풍파　나타내고
역마남편　암재합을　첩두는걸　많이본다

그대몸을　논해보면　작달만한　몸매인데
차돌같이　단단하여　몸맵시가　이쁘구나

식상관이　파극받아　자궁수술　있어보고
일시형살　하였으니　수술흉터　많이있다

亥水자식　라망앉아　오매불망　걱정인데
寅亥합木　재물탐해　감옥생활　눈물이라

남편복도　없사온데　자식복도　없게되니
동구밖에　바위앉아　남편자식　기다린다

[141] 여명

후처 소생이나 대성하겠다

• • •

시	일	월	년
丙	乙	戊	乙
戌	亥	寅	亥

乙木이라　寅월이요　水木태왕　신왕이다
시상丙火　반가워서　상관생재　하는구나

火土운이　도래하면　크게성재　이름나고
水木운이　도래할시　세상쓴맛　보게된다

비겁형제　진을치니　이복형제　있사온데
월건망신　놓았으니　후처소생　아니던가

생일생시　천문성을　할인지업　천도이고
인수성에　역마봉지　유학공부　하겠구나

乙일생인　水木봉은　가는몸매　키가크고
丙火봉지　태양이라　명랑하고　애교많다

이다음에　자식나면　천하인재　득명하고
왕후장상　잉태하니　크게기대　해도된다

그대에게　천직준건　의업이나　판검사고
불연이면　교수생활　구호만인　하겠구나

역마성이　중중하니　세계만방　다녀보고
戌土착근　재록하니　큰부자가　되겠구나

〔142〕여명

남편 성공

● ● ●

시	일	월	년
丁	庚	戊	庚
丑	寅	寅	寅

신왕재왕　놓았으니　부귀지명　되었구요
부귀가문　자랑하며　호의호식　자라났다

선대풍요　부친받고　부친풍요　내가받네
나의풍요　남편받아　그남편이　성공한다

연입지살　생일지살　해외만리　다녀보고
외화획득　중인재는　창고가득　하겠구나

시모봉양　하는것은　일지편재　그탓이고
시모님이　깐깐하여　시중들기　어렵구나

재생관살　하였으니　잘해주고　뺨맞으며
내권한을　포기하니　집안평화　화목하다

寅寅寅이　亥를요합　그대아들　되겠는데
庚金성의　생을받아　그자식이　대성하고

丑중辛金　따님이라　연애결혼　하겠는데
丑寅간에　합을하여　가정풍파　있겠구나

애석한건　친정이라　결혼하고　친정쇠패
친정복을　가져와서　나의남편　주는구나

〔143〕 남명

의류 수출업

시	일	월	년
壬	丙	癸	庚
辰	辰	未	辰

未월丙일　출생인이　광명태양　비추는데
대자대비　인자함이　丙火태양　아니던가

산천초목　비추면서　높낮이에　편견없고
많은생물　살리는게　그대운명　아니겠소

상관식신　첩첩하니　중봉조모　있게되고
인수성이　다봉암합　생모서모　유모있다

식상관이　합을하니　장모님도　봉양이고
壬水자식　우뚝서니　그아들도　성공하네

연상庚金　나의부친　辰土생을　받았으니
그부친이　성재득명　이름깨나　날렸구나

丙록재巳　화공역마　비행기를　자주타고
해외만리　드나들며　외화실어　창고가득

의류화공　수출입에　국익선양　민간외교
화통하고　자애로워　사람들이　좋아한다

未중乙木　요긴하여　부모형제　효도하고
장모님을　봉양함은　일지식상　영향이라

[144] 여명

자식 성공

● ● ●

시	일	월	년
乙	甲	丁	壬
亥	午	未	辰

甲일생인　未월봉은　고갈나무　틀림없고
午火봉지　하였으니　더욱고갈　되려한다

형제모친　반가워서　乙亥에다　의지하니
우뚝솟은　소나무는　중심바로　잡는다네

천하바람　몰아쳐도　꿋꿋하게　견뎌내고
모친풍상　들이쳐도　꿋꿋함이　그지없다

집안살림　잘도챙겨　그가문을　일으키고
지극정성　자식키워　우뚝서게　만드노라

시모봉양　잘도하여　남편사랑　끝도없고
천문성에　도덕앉아　바르기가　대나무라

연애결혼　丁火따님　壬水성을　만났는데
사위님은　어찌하여　따님속을　썩이는가

외손녀를　품에안고　엄마곁에　왔다갔다
이도저도　아닌것이　따님마음　아니겠소

젊은시절　한때에는　선생소리　들었구요
천하문서　내게오니　전답문서　가득하다

(145) 남명

허리 아파 고생이네

● ● ●

시	일	월	년
庚	甲	甲	乙
午	辰	申	巳

申월甲일　출생인은　극신약의　사주인데
편관칠살　두려워서　午火보고　부탁한다

이름하여　상관제살　고맙기가　그지없고
巳午합에　힘이생겨　큰재물을　벌겠수다

연월간에　상형하니　부조간에　각거했고
부친이나　조부님은　타도타향　외국이다

생월지에　역마살은　고향인연　무익하고
조상유업　받는것은　지극하나　어렵더라

결혼하자　장모님이　나를도와　귀인되고
현처봉지　만난것은　午火장모　덕이라오

관귀중중　하였으니　아들낳기　어렵구요
허리관절　부실한건　甲木살지　탓이라네

역마봉형　하였으니　차사고가　더러나고
수술지액　당하는데　허리더냐　다리더냐

월상甲木　형제님도　역마살국　앉았으니
허리관절　차사고로　신음함이　많게된다

〔146〕 여명

모친 흉사

● ● ●

시	일	월	년
辛	丁	甲	庚
亥	丑	申	子

申월丁일　출생인이　극신약의　사주로다
丁火무근　살지앉아　亥水관에　종살하네

월지역마　부모형제　부모님도　타향살이
이내몸도　亥水따라　친정멀리　떠나산다

丁火살지　水에꺼져　눈시력이　어둡고요
고모숙부　혼잡하여　색다름이　있게된다

재생관살　놓았으니　남편출세　틀림없고
시모당권　하였으니　이내몸은　외롭더라

丑土자식　水살국에　이리저리　치이나니
자식득자　하는것이　어찌이리　어려우냐

만약득자　하게되면　익사거나　벙어린데
자식간직　하는것은　하늘에서　별따기네

하늘에서　무자업을　그대에게　주었으니
이승에서　업장갚아　다음생을　기약하소

甲木이라　모친님은　金살지에　앉아있고
水살국이　출렁일제　그모흉사　하게되네

〔147〕 남명

고모 숙부 화염이라

• • •

시	일	월	년
辛	乙	丙	乙
巳	巳	戌	卯

추월乙일　출생인은　극신약의　사주인데
천지만국　화마신이　사주당권　하였구나

상관식신　혼잡하니　조모님이　두분이요
월지상관　하였으니　그대형제　있겠구나

아우생아　되는사주　부귀지명　되겠지만
얄미운건　시상辛金　불덩이에　녹아난다

시상辛金　누구더냐　그대자식　틀림없어
이다음에　득자거든　부디자식　조심하소

장모님을　곁에함은　일지상관　앉음이고
다자장모　하였으니　재혼할까　염려로다

월지丙戌　백호살은　고모숙부　되었으니
숙부님이　불끄려다　화마신에　당했구려

丙戌백호　불덩이라　乙卯木이　불붙이니
작은장작　불에잘타　숙부몸을　감았다네

간장약해　고생함은　불덩이가　왕함이고
해수천식　그질병을　항시조심　해야하오

〔148〕남명

장모님이 사고사라

● ● ●

시	일	월	년
甲	乙	乙	己
申	巳	亥	酉

乙일亥월　　출생인이　　등라갑목　　만났구나
칡넝쿨이　　의지함은　　소나무가　　아니드뇨

얄미운건　　월상乙木　　서로감자　　나를치니
친구형제　　붕우간에　　손실함이　　자주있다

未巳午운　　도래하면　　재물신도　　찾아오나
문서망신　　법에앉아　　손실또한　　많겠구나

巳申합에　　戊土암장　　총각득자　　연애결혼
자식님이　　장성하면　　바람깨나　　피우겠소

겨울날에　　巳火꽃은　　반갑기가　　그지없어
그대부인　　미녀임은　　안보고도　　알겠군요

일지간에　　형을하니　　수술흉터　　많게되고
역마형을　　하였으니　　차사고가　　자주난다

巳중丙火　　누구더냐　　조모거나　　장모인데
처와같이　　동주하니　　장모님이　　틀림없다

巳申형에　　巳亥충은　　흉액지사　　나타내니
그대장모　　비명횡사　　안타깝기　　그지없다

(149) 남명

이복형제 있소이다

시	일	월	년
乙	甲	戊	乙
亥	寅	寅	未

寅월甲일　출생인이　동방일기　곡직이라
연지未는　합木하고　월상戊는　살지로다

태왕쇠극　논법으로　그대사주　풀어보세
돌고돌아　효자봉친　土운오면　흉명이다

극왕희조　하게되니　水木운은　성공하고
일점재에　土운오면　천하풍파　손님이네

비겁겁이　연좌하여　이복형제　있게되고
월건망신　놓았으니　후처소생　아니던가

부친형제　비명횡사　백호가중　木극土고
형제간도　요사함은　비겁백호　영향이라

효자봉친　군비쟁재　극처극부　형상하니
본처해로　못하는건　당연지사　아니겠나

처와모의　중간에서　마음고생　많을진대
그대처는　본인겁나　도망가기　바쁘더라

재취삼취　하였으나　내여자는　흔적없고
긴긴세월　독수로서　달빛보고　한탄한다

〔150〕 남명

자식 간직 어렵구나

시	일	월	년
戊	丙	癸	丙
戌	午	巳	子

巳월丙일　출생인이　월지건록　하였는데
연상丙火　이중태양　온천지가　사막이라

월건癸水　子水록근　샘물찾아　헤매이나
오아시스　뿌리말라　목마르고　갑갑하다

비겁겁이　연좌하여　이복형제　있게되고
월지비겁　태양이라　빈천가문　집안이네

가상관을　좋다마소　이사주는　아니온데
대운봉지　木火마을　어찌그리　좋겠나요

巳중庚金　나의부친　불길속에　앉았는데
역마성이　가임하니　부친흉사　하게되고

戌중辛金　나의처는　다남자와　합을하니
辛金성의　三丙합은　의처증이　일어난다

巳火역마　丙辛합에　역마성이　가임하니
야반도주　줄행랑에　사립문도　열려있다

癸水자식　이슬비가　불덩이에　없어지고
생시궁에　상관놓아　자식간직　어렵구나

[151] 여명

딸딸이 집

● ● ●

시	일	월	년
己	己	己	甲
巳	巳	巳	寅

巳월己일　출생인이　木火土에　삼상이라
급신이지　木火土는　관성봉지　에너지다

역마지살　지지앉아　고향인연　무익한데
巳火역마　항공이라　외국에도　자주간다

인수성에　역마하여　외국유학　가보구요
역마성이　일지앉아　이사자주　다니더라

생년생월　형살하니　부조간에　각거했고
월건망신　놓았으니　그모친이　후처로다

인수태왕　갱봉인수　부친님이　안보이고
결혼해도　친정모친　곁에끼고　사는구나

음일생인　酉巳시는　내리내리　딸을낳고
일시인수　효신살도　아들득자　어렵더라

연상甲木　남편님이　己土쟁합　하였으니
자매강강　이녀동부　첩얼을까　염려되고

甲木남편　뿌리파상　다재합에　쟁합하니
남편집안　가문족보　이상하기　그지없다

〔152〕 남명

장모 봉양 효자구나

● ● ●

시	일	월	년
甲	甲	丙	戊
戌	寅	辰	戌

辰월甲일　　출생인이　　寅卯辰에　　대목지토
춘삼월에　　태양보니　　오곡백과　　씨뿌린다

木火土에　　삼상격은　　부귀지명　　틀림없고
신왕재왕　　놓았으니　　큰재물을　　벌겠수다

아우생아　　戊戌土는　　반갑기가　　그지없고
甲寅일이　　일지록도　　반갑기가　　그지없다

편재성이　　득립하면　　첩이당권　　쥔다지만
그대사주　　일시합에　　첩이꼼짝　　못한다네

부창부수　　노래소리　　가정평화　　상징인데
丙火태양　　장모님이　　지극정성　　도와준다

편재성의　　일지합은　　중인재를　　취하는데
역마편재　　합을하여　　외화획득　　하게된다

연지편재　　우뚝솟아　　재력가의　　후손인데
조부때는　　만석재산　　머슴몇명　　두었더냐

寅戌합에　　공협午가　　요지부동　　하였으니
지극정성　　봉양함에　　온동네가　　칭찬이네

[153] 여명

부부간에 소송이라

● ● ●

시	일	월	년
丙	癸	丙	甲
辰	巳	寅	辰

癸일생인　寅월이라　극신약의　사주인데
木火태왕　가중하여　더욱신약　하였구나

사주팔자　둘러보니　재생관살　틀림없고
癸巳일에　출생함도　틀림없는　사실이라

여명봉지　癸巳일은　巳중戊土　암관인데
연시봉지　辰중戊土　冲出戌이　걱정이라

丙火태양　辰土생해　젖은흙이　말랐는데
이내몸은　辰土님이　살려준다　착각한다

癸巳일에　출생녀는　살다가도　도망가고
자식나자　불붙어서　헉헉대고　갈증이라

辰巳라망　일시봉에　법문제가　도래하고
巳火재물　탐이나서　송사마당　서게된다

辰중癸水　형제성은　송사마당　조장하고
巳중庚金　모친님도　우군되어　도와주나

癸巳일에　출생녀는　미녀지상　자랑하고
辰토봉지　요긴하여　수도공직　천직일세

(154) 남명

문전걸식

• • •

시	일	월	년
壬	戊	戊	戊
子	午	午	戌

더운여름　사막흙이　壬水호수　보았구나
子水샘물　근원찾아　샘물근원　갈망인데

호수물이　바닥말라　구름되어　흔적없고
타는가슴　달래려고　동분서주　다니더라

천간三戊　록근하니　巳火역마　되었는데
戊癸합을　찾아본들　불덩이가　아니겠소

壬水부친　군비쟁재　초년부친　인연없어
丁壬합에　바람나서　나를두고　떠났구나

동부이모　이부동모　나에게는　형제인데
연월일에　진을치니　어느것에　해당되오

부친이나　부친형제　비명조사　틀림없고
불연이면　혈압뇌사　틀림없는　사실이라

戊己일에　지지火국　부부인연　없사온데
애시당초　나에게는　독수세월　운명이라

壬水샘물　그리워서　巳火역마　길을따라
동식서숙　방랑하니　유랑이냐　걸인이냐

사주 팔언독가(八言獨歌)

(155) 남명

효도하다 망했구나

● ● ●

시	일	월	년
甲	甲	甲	癸
戌	辰	寅	卯

寅월甲일　출생인은　건록이라　말하는데
寅卯辰을　봉지하여　대목지도　되었다네

왕희순세　효자봉친　그대사주　이름이고
극왕선조　하는것이　순리에는　맞소이다

탐재괴인　군비쟁재　말도많은　사주인데
역세운이　도래하면　천지풍파　오겠구나

亥子丑은　순세하고　土운오면　역세인데
土운오면　모친님이　노발대발　화낸다오

이내마음　戌土따라　처에게로　치우치니
군비쟁재　노발대발　흔적없이　파재로다

甲辰이라　부친궁은　백호살에　앉았구요
辰戌충에　파극받아　부친비명　가게되고

편재성이　일지앉아　초혼안보　어려운데
극처극부　파재함에　재혼하기　어렵수다

庚戌대운　봉지하자　모친癸水　대노하여
효자봉친　역세운에　무엇인들　남으리까

[156] 여명

자식 눈 이상

● ● ●

시	일	월	년
丁	乙	己	辛
丑	丑	亥	亥

동월생인　乙일주는　얼어있는　나무인데
亥子丑합　水살국에　호수물이　출렁인다

부목지상　작은나무　물결따라　출렁이니
이리저리　흔들리다　어디에서　안착하리

작은촛불　꺼졌으니　깜깜한밤　틀림없고
이리저리　헤매이나　야반삼갱　丑시라오

금황수저　남편님은　물속에서　헤매이니
알콜이냐　익사더냐　어느곳이　맞소이까

부친님도　물에빠져　부친인연　없사온데
초년고생　설움이라　어찌말로　다하리요

火土운에　도래하면　의식걱정　없겠지만
전생업이　너무많아　火土운도　아니온다

이곳저곳　문을열고　식당가를　두드리며
작은재물　월급받아　남편자식　수발컨대

丁火촛불　누구더냐　그대자식　되었는데
백호살과　급각살은　불구흉액　사고로다

(157) 여명

결혼 여러 번 실패

● ● ●

시	일	월	년
乙	己	己	辛
亥	亥	亥	亥

亥월己일　출생인이　파도위에　흙이로다
연약한흙　없어지니　종살이란　사주로다

여명종살　좋다마소　이사주는　아니온데
얼은나무　부목되어　잘크기는　어렵수다

亥水역마　연월일시　암장간은　甲木인데
이내몸과　암합하니　이를어찌　하오리까

역마따라　남편따라　봇짐싸고　떠다니고
명암부집　되는여인　어찌남편　해로하랴

己土일주　水木왕에　가는몸매　작은체구
亥월己일　출생인은　눈시력이　약하다오

사주多財　놓았으니　초년부친　인연없고
일지천문　놓았으니　의료더냐　간호더냐

三八木이　남편인데　천지만국　암합하니
三번이나　여덟번은　족두리를　다시쓴다

뇌봉전별　번개조우　라망속에　남편이니
헤어질땐　작은돈에　송사망신　이별이라

〔158〕 여명

화장품업

시	일	월	년
丁	乙	辛	辛
亥	丑	丑	亥

丑월乙일　출생인은　얼어있는　나무인데
시상丁火　봉지하니　동일가애　사주로다

천간에는　구름끼고　지지로는　동토인데
일점丁火　고립되어　고생깨나　하시겠다

생년궁에　지살하니　타향살이　인생이요
辛金남편　나를치니　남편복도　없소이다

丁火성은　꽃이되니　화장품과　의류천직
역마위에　꽃이되어　화장품이　천직이라

급각살에　부친앉고　水살국이　공격하니
그대부친　알콜중독　고생깨나　했소이다

乙일丁火　자식님이　水살국을　만난자는
자식님이　봉사거나　눈귀이상　틀림없고

백호흉살　가중하면　흉액괴변　당하는데
그대자식　水에꺼져　시력이상　두렵구나

丙午丁未　火마을엔　많은돈을　벌게되니
초년고생　한탄말고　노래행복　즐기구려

〔159〕 여명

남편이 신경쇠약

시	일	월	년
癸	壬	癸	丁
卯	申	卯	未

卯월壬일　　출생인이　　일시간에　　귀문이라
壬일주에　　출생녀는　　백두낭군　　인연인데

만약백두　　안만나면　　초혼해로　　어렵다네
일시간에　　귀문하니　　이를어이　　해야하나

壬일주의　　남편님은　　보수형상　　일어나고
칠거지악　　논하면서　　삼국시대　　머무른다

생년궁에　　재관하여　　명문가에　　자녀인데
결혼하고　　신경쇠약　　남편이냐　　그대인가

壬일주가　　신왕하니　　그댄분명　　아니겠고
부부궁에　　앉았으니　　그대남편　　되오리다

壬일乙木　　봉지한자　　키가크고　　늘씬하고
丁火꽃이　　피었으니　　애교많은　　미인이요

인수성에　　다식합은　　모친님이　　이상하고
고모숙부　　양처득자　　비겹혼잡　　탓이라네

그대인연　　노랑이니　　내말필히　　명심하고
이다음에　　재혼하면　　백두낭군　　모시구려

[160] 남명

처 흉사

• • •

시	일	월	년
甲	丁	己	甲
辰	亥	巳	申

천간에는　순세하고　지지로는　역세로다
하늘에는　청청한데　땅에서는　지진이네

선대풍파　내려와서　내리내리　흘러가니
먹구름이　당도하면　세상풍파　겪겠구나

甲辰백호　처궁앉고　辰亥귀문　巳申하니
부부궁에　흉액지사　항시염려　해야한다

巳중庚金　나의처는　이리저리　치이는데
乙亥대운　당도하여　다시파극　沖을하네

역마형에　백호살은　교통사고　횡액인데
그대같이　차를타다　부인혼자　보냈구나

일월간에　충살하니　부모형제　의가없고
월지巳火　나의형제　사고흉사　횡액이라

고모숙부　비명함도　巳申刑에　역마구요
그대흉액　당해봄도　역마살국　탓이로다

하이일가　흉액지상　어찌이리　많은건지
부디부디　선업닦아　다음대를　기약하소

(161) 남명

의처증에 잠 못 자네

• • •

시	일	월	년
己	庚	庚	戊
卯	午	申	申

申월庚일　출생인은　강철이라　말을하고
제련하지　않으며는　금실무성　하게된다

일지午火　반가워서　길명사주　되었지만
木火운이　아니오면　성공하기　어렵수다

연월지에　지살하니　고향인연　무익하고
월지비견　놓았으니　그형제가　많게된다

자식님이　출산하면　재물복이　따라오나
그대운이　없는것을　누굴원망　하오리까

庚일주에　木火봉은　공업가가　낳게되고
卯木처가　火를생해　아내덕을　보게된다

얄미운건　도화인데　일시간에　봉지하니
재록도화　반가우나　암합관이　걱정이라

노심초사　아내부정　밤낮으로　걱정인데
그대또한　어찌하여　도화밭에　노니는고

일시간에　도화살은　바람으로　패가하니
서로서로　자중하여　명랑가정　이룩하소

〔162〕 남명

유소실

시	일	월	년
戊	己	己	癸
辰	卯	未	巳

未월己일　출생인이　火土당권　하였으니
戊己일생　支火局이　틀림없는　사주로다

未월己일　火土다는　사막밭에　흙이온데
연상癸水　이슬비가　어찌오래　견딜쏜가

목말라서　샘물찾아　이리저리　헤매이니
본처해로　한다는건　지극하나　어렵다오

생일지에　도화놓아　미남지상　자랑하고
巳火성에　역마앉아　타향지객　되는구나

일시간이　합을하고　일월간이　합을하니
그대본처　청등독수　꿋꿋하게　지키는데

癸水샘물　그리워서　딴살림을　차렸으나
본처소실　화합하니　일시상합　공이로다

卯未합에　자식성은　辰土생을　잘도받아
그자식이　대성함도　그대전생　복이구요

인수봉지　역마설기　학원사업　돈을벌고
부친님이　조사함도　癸水살지　탓이라오

(163) 여명

초혼 실패

• • •

시	일	월	년
庚	壬	丙	丁
子	戌	午	巳

午월壬일　출생인은　신약이라　말하는데
火土봉지　태왕하여　극신약의　사주로다

壬水샘물　수원고갈　겨우겨우　버티는데
괴강사주　어찌하여　이내몸이　되었던가

여명괴강　극흉함은　천지라망　사슬인데
재생관살　놓았으니　이를어찌　하오리까

남편님은　밤낮으로　돈대달라　졸라대고
시모님이　옆에서서　그를자꾸　부추긴다

壬水봉지　신약자는　예쁜여인　틀림없고
착한마음　부처되어　포용심도　강하구나

생일지에　천문놓고　庚金성이　요긴하니
예능으로　먹고사는　미용이나　피부로다

모친형제　의지하여　친정재물　다바치고
눈물로써　이혼하나　이내마음　여리구나

천번만번　맹세받고　다시결합　하였으나
눈물로써　돌아서니　서럽기가　그지없다

[164] 여명

애기 낳고 살다가 도망이라

• • •

시	일	월	년
甲	辛	丙	癸
午	巳	辰	丑

辛巳일에　출생인이　천간투출　丙이로다
술사들은　이를두고　명암부집　이라더라

정편인수　중중하니　부친이나　모친두분
巳丑합에　金局하니　이복형제　있겠구나

생시실은　자식인데　자식님은　아니앉고
편관도화　巳午합은　무슨뜻을　상징하나

癸水자식　기식불통　태산준령　놓였으니
애기낳고　살다가도　야반도주　하였다오

甲木재가　탐이나서　편관午火　찾았으나
도화봉에　외간남자　바람둥이　아니겠소

이리저리　사업하나　큰재물은　손에없고
辰巳라망　일지하여　망신법만　자주온다

생일지에　역마앉아　이사변동　자주하고
작은몸매　단단함은　辛일주의　주특기라

辰巳합에　효녀되어　친정곁에　살게되나
자식두고　나온그대　자중자애　하옵소서

사주 팔언독가(八言獨歌)

〔165〕 여명

애기 나면 상부

• • •

시	일	월	년
甲	癸	己	丙
寅	巳	亥	申

亥월癸일　출생인이　癸巳일에　甲寅시라
형합격에　파격임을　척보며는　알겠노라

癸巳일에　甲寅시는　흉액지사　되는것은
격국용신　설명에도　나와있지　않더이까

연월일시　역마지살　고향인연　무익하고
월지비겁　놓았으니　부친대가　별로일세

壬癸일에　백두낭군　결혼인연　불미한데
상관살국　가미하니　남편보존　어렵더라

월상己土　남편님은　水산국에　앉아있고
巳중戊土　남편님은　파극받아　없어졌다

남편자식　식관싸움　상관성이　승리하니
자식나면　남편흉사　피할수가　없었다네

자식출세　하는것은　당연지사　되겠지만
형제성도　파극받아　그형제도　흉사더라

노래질병　풍관절에　병원출입　자주하고
癸일생인　꽃이피어　미녀지상　되었구나

[166] 남명

재혼 사주

● ● ●

시	일	월	년
丁	乙	甲	戊
亥	丑	子	戌

子월乙일　　출생인이　　등라갑목　　놓았구나
乙木이라　　잘도등라　　출세지상　　틀림없고

戊戌土가　　대륙이라　　재물복도　　많겠지만
편재성이　　당권하여　　본처해로　　난하구나

선조대에　　풍요로움　　부귀가문　　자랑하고
인수봉지　　월건이라　　천재소리　　들었구나

부친님이　　별세시엔　　풍질이나　　간경화요
丑戌刑에　　파상하니　　수술한후　　가게된다

火土운에　　천금재물　　구름같이　　몰려들고
金水운이　　당도하면　　구름처럼　　날아간다

월일시에　　亥子丑은　　水살국이　　되었으니
그대부인　　丑중己土　　水살국에　　본처이별

戊戌제방　　갈구하여　　다시재혼　　하였는데
戌중辛金　　남의자식　　이리저리　　합을하네

타생자식　　양육하여　　전생빚을　　다시갚고
壬申운이　　도래할시　　손재파재　　두렵다네

[167] 여명

만리장성 소용없다

● ● ●

시	일	월	년
己	丙	丁	丙
亥	子	酉	午

사주팔자　감명할때　월지기준　일주라오
일주착근　힘있으나　일주무근　파격이라

丙火무근　午火파상　丙子일에　음양차착
그대사주　감명함에　좋은소리　어렵수다

丙子일에　출생녀는　십중팔구　중인지첩
본부해로　한다는건　지극히도　어렵다오

월지酉金　나의재물　水火세에　없어지니
종일분주　노력하나　큰재물이　안된다오

생일지에　양착되어　시가집이　몰락하고
외가집이　몰락함도　음양차착　탓이라오

己土자식　살지않아　크게되긴　어렵지만
午火록근　하였으니　밥인들야　못먹겠나

子酉도화　귀문관은　애인간에　돈문제요
子수옥이　앉았으니　송사해서　배신한다

만리장성　쌓은남자　돈때문에　배신하니
귀문수옥　무섭구나　그대누굴　탓하겠나

〔168〕 여명

오복지녀 양귀비라

● ● ●

시	일	월	년
甲	丁	辛	己
辰	酉	未	亥

未월丁일　출생인이　삼반귀물　득지라네
재인식이　투출하니　세상복을　다갖추고

생생불기　유류무체　어느곳에　복있는가
丁일생인　金水木에　백옥미녀　자랑하고

丁火일주　촛불되어　선하기가　그지없고
선대풍요　부귀집안　명문가에　귀녀로다

亥水남편　생을받아　남편부귀　자랑하고
화개성이　월지앉아　조모님이　불신자라

亥未합에　남편님은　천하영웅　소리듣고
己土자식　未土유근　출세함도　당당하다

辰酉합에　辛金투출　천만억금　허비해도
자고나니　천만억금　새끼낳아　곡간찬다

인수투출　亥未착근　교수소리　듣지마는
그대인품　비할바엔　초라하기　그지없다

사주팔자　개업하고　이런사주　첨보는데
그대부귀　존엄함에　절로고개　숙여진다

〔169〕 남명

처자식이 떠났구나

시	일	월	년
壬	癸	癸	癸
子	酉	亥	巳

동월癸일	출생인이	하늘에는	눈이오고
태양조명	꺼졌으니	이를어이	하오리까
눈보라는	폭설되어	야반삼갱	내리는데
巳중丙火	그리워서	잠못드는	밤이로다
연월역마	형충살은	부조간에	각거인데
일시간에	귀문관은	신경쇠약	아니겠나
일시간에	귀문관은	부부간에	신경인데
동월癸일	비겁다는	형제동기	방해많다
신왕시주	주특기는	자기고집	너무세고
癸水일주	신왕하여	유아독존	잘났다네
巳중丙戊	처자식이	역마살국	형을받아
단봇짐을	둘러매고	그대곁을	떠났구나
한잔술만	들어가면	조상자랑	끝도없고
본인대에	패가컨대	무얼그리	자랑하오
비겁도화	일시子酉	풍류바람	즐겼지만
백발노후	독수세월	후회한들	무엇하리

〔170〕 남명

세 끼 끼니 걱정이라

• • •

시	일	월	년
癸	戊	甲	甲
亥	戌	戌	寅

戌월戊일　출생인이　木土水에　싸움이라
서로서로　잘났다고　이리저리　치는구나

서로서로　싸우다가　결국나는　패배하고
연상甲木　이겼으니　그대에게　상장준다

甲木이라　칠살님은　나를제압　위세인데
시상癸亥　나의재는　甲木편에　이적이네

癸水財는　戊癸합火　이슬되어　없어지고
亥水財는　寅亥합木　戌戌土에　없어진다

월지戌土　형제성에　급각살이　앉았는데
甲木님이　이겼다고　나의형제　공격한다

역마亥水　나의처는　구름되어　없어지고
자식득자　하게되면　흔적없이　소멸한다

가끔가끔　경험컨대　역마처는　가출인데
癸水성이　多戊합에　다른사람　아내됐소

癸亥水가　없어질때　집안살림　바닥나고
술한잔을　먹고프나　주머니가　말랐구나

[171] 남명

결혼하면 성재한다

시	일	월	년
乙	壬	丁	庚
巳	辰	亥	申

亥월壬일　출생인이　金水태왕　신왕이라
木火봉지　필요한데　丁火성이　약하구나

생년지살　놓았으니　고향인연　무익하고
월지비겁　놓았으니　다형제가　틀림없다

시지巳는　부친이요　연지申은　모친인데
巳申형에　불편한합　부부싸움　많겠으며

그대보고　산다하니　부디부디　효도하고
부친님이　임종시는　고이가기　어렵구나

巳중戊土　그대자식　크게성공　하겠으며
역마임재　놓았으니　중인재를　많이번다

화공무역　의류성재　불연이면　주유사업
노래복은　대복이니　천만금이　들어온다

월지丁火　고모님은　재혼함을　못면하고
모친님이　집안살림　당권하고　있겠구나

좋은장모　두게됨은　시상乙木　공덕이요
이쁜처를　만난것은　巳火봉지　꽃이로다

〔172〕 남명

부평초의 인생이라

• • •

시	일	월	년
戊	壬	甲	庚
申	寅	申	寅

壬일주가　申월인데　천지만국　역마로다
일반역마　아니되고　서로서로　치는역마

한군데서　안착이란　언어도단　말안되고
이리저리　휩쓸리니　그대어디　떠도는가

동식서숙　말을하니　좋은말로　풍류하고
속된말은　떠돌이니　부평초가　아니던가

역마속에　여인앉아　팔도애인　두게되고
여행이나　차중에서　연애일화　있게된다

寅중丙火　충을받아　투출하여　없어지니
종일분주　고환빈에　곤재진의　사주로다

영웅호걸　그대기상　외부내빈　되었으니
양복입고　지나가면　천하여인　눈흘긴다

壬일주에　상관견관　말못하는　자식이요
부모중에　어느한분　비명횡사　하게되고

조모님의　흉사함도　상관형살　탓이구요
그대또한　역마형살　객사할까　염려된다

(173) 남명

바람나서 패가했네

• • •

시	일	월	년
乙	癸	辛	癸
卯	酉	酉	巳

酉月癸일　출생인을　추수통원　이라하나
맑고맑은　가을물에　도화꽃이　만발하네

卯木도화　巳火꽃을　샘물가에　띄우는데
癸水샘물　맑은물이　酉金탁수　돌변했네

그대집안　논해보니　巳酉합에　부조화합
선대대는　화목한데　본인대는　아니구나

일월간에　冲살하니　부모형제　불화하고
일시간에　도화刑은　부부망신　이별이라

젖은나무　불에못타　재불축적　어려운데
역마재가　귀기불통　연주봉지　안타깝고

일시도화　비겁형은　바람으로　송사망신
巳中丙戊　처자식이　나를두고　떠나간다

木火성이　그리워서　화공이나　의류공업
경찰이나　형사하면　천하이름　득명이라

문창성이　파극받아　언어발음　더듬는데
가는몸매　맑은눈은　꽃미남이　아니던가

[174] 여명

대기업에 비서로다

● ● ●

시	일	월	년
戊	乙	丁	庚
寅	未	亥	申

亥월乙일　출생인이　亥未합에　귀명이라
가을날에　칡나무가　뚱뚱한것　보았는가

가는몸매　맑은지혜　양귀비가　울고가고
삼귀득위　하였으니　오복지녀　틀림없다

재관식이　투출하니　남편자식　대성하고
재물신도　착근하여　재벌소리　듣겠구나

乙일신약　亥未합은　착하기가　그지없고
역마인수　관인합에　불굴의지　유학했네

정편재가　혼잡하니　이복고모　숙부있고
亥未합에　부모님께　효녀함이　갸륵하다

모모그룹　회장님은　틀림없는　영웅인데
그대사주　알아보고　비서로서　채용했네

천하인재　알아봄이　현자들의　지혜인데
그대사주　채용함에　회장님을　존경한다

이다음에　결혼하면　오복지녀　될것이니
다음생을　대비하여　예금많이　하시게나

[175] 여명

결혼하자 상부로다

● ● ●

시	일	월	년
辛	癸	壬	壬
酉	未	子	子

子월癸일   출생인이   천지만국   金水로다
겨울물이   차가운데   호수속에   앉았구나

신왕사주   癸水지혜   똑똑하기   그지없고
시상인수   봉지하여   천재소리   들었구나

비겁형제   다봉하니   여러형제   진을치고
모친님이   장수함은   辛金투출   인수라네

未중己土   남편님은   水살국에   없어지니
결혼하자   남편님이   파도따라   없어졌다

未중乙木   딸자식은   모친님이   보호하고
土金水에   삼상격은   재물복은   있다네요

未중丁火   부친님도   고이가기   어려웁고
癸일주에   개화지상   보수주의   싫어한다

일지재관   몸에앉아   공직생활   인연인데
문서도장   합을하니   토건업에   공직이라

친정모친   요지부동   이내몸과   합을하고
양귀비도   울고가는   백옥미녀   아니던가

〔176〕 여명

선생님

・・・

시	일	월	년
戊	己	戊	壬
辰	酉	申	辰

己土일주　허약한데　양戊土가　보조하나
흘러흘러　가는것을　무어라고　설명하리

천지기가　식상가고　식상기가　壬水가네
천지당권　壬水성은　나의재물　신이라오

정재용겁　하게되니　火土운에　성재인데
대운봉지　火土운에　그대이름　날렸구나

인수봉지　火운오니　선생님에　등록하고
구호만인　스승되어　동량재목　길렀다오

辰酉합金　자식님은　크게성공　하겠으며
무관성에　남편보존　가정평화　있게된다

선대풍요　연상壬水　모모집안　자손이요
형제들도　성공함은　월상비겁　공덕이라

己土일주　신약자는　비위약해　걱정인데
사주無火　하게되니　시력관리　잘하구려

생시간에　단교살은　수족이상　살이온데
식상식신　발달하여　그유방이　방대하다

(177) 남명

법조인

● ● ●

시	일	월	년
丙	乙	庚	癸
子	酉	申	卯

申월乙일　신약이라　천지만국　살국이라
사주살다　흉타마소　병약상제　부귀로다

시상丙火　요긴하여　일장당권　호령하니
백천만에　척군인들　두려움이　있을쏜가

木火운이　도래하면　천하영웅　진객이요
金水봉지　하게되면　일락서산　속절없다

연월지에　재관인은　부귀가문　자랑이요
일지수옥　형권주어　모모하는　인사로다

연지卯木　형제성은　卯酉冲에　파상인데
卯申귀문　좌장하니　낙엽되어　없어지고

庚金관이　투출하니　그자식이　대성이나
대운봉지　卯운오면　자손질액　흉액이라

인수도화　시에앉아　현처부인　두게되고
장모님이　태양되어　존귀함이　가득하다

卯대운에　酉를충해　직업변혁　있었는데
이순나이　甲寅운에　천하이름　날리겠소

〔178〕 여명

초혼 실패, 재혼 득자, 행복지녀

시	일	월	년
丁	戊	乙	丙
巳	戌	未	申

戊일생인　지지火국　염천지화　흙이로다
넓은사막　태양노을　갑갑하기　짝이없다

巳申水에　역마찾아　타도타국　떠난것은
연지申金　소중함에　가상관의　공덕일세

월상乙木　남편님은　백호살에　부성입묘
초혼안보　한다는건　지극하나　어렵다오

부성입묘　백호살에　남편님은　저승가고
申金역마　그리워서　타도타국　재혼이라

용신님에　자식앉아　귀자득자　하겠는데
인수효신　당권하여　자식득자　어렵다오

천간지축　화개봉은　기도함을　많이보고
천지신명　감동하여　귀한아들　주었구나

월지비겁　하였으니　다형제가　틀림없고
형제성도　파형되어　흉액괴변　겪게된다

암장간에　자식있어　남의자식　인연이요
재혼하여　성공함은　연지申金　공이로다

〔179〕 남명

초혼 실패

시	일	월	년
丁	戊	辛	辛
巳	午	卯	丑

卯월戊일 　출생인은 　신약이라 　하지마는
火土당권 　하였으니 　변약신강 　사주로다

辛금성이 　요긴하니 　명문가의 　자손인데
木火운이 　도래하면 　세상풍파 　겪겠구나

가상관에 　설기하여 　착하기가 　그지없고
戊일火국 　놓았으니 　중심바른 　사람이라

戊己일에 　지화국은 　초혼안보 　어려운데
그대사주 　戊午일에 　부부궁에 　갈렸구나

일시간에 　인수성은 　명문대학 　출신이요
대자대비 　바른마음 　포용심도 　강하더라

역마성에 　처궁앉아 　부부자식 　눈물인데
대운봉지 　寅운오니 　이를어찌 　하오리까

작은辛금 　잘도녹여 　공업가로 　성공이나
寅운오니 　중도좌절 　탄식세월 　한탄이라

가상관에 　식상운은 　필히성공 　하겠지만
인수운이 　다시오면 　중도좌절 　모르셨소

[180] 여명

신경쇠약

• • •

시	일	월	년
壬	己	庚	己
申	卯	午	酉

己일주가　午월이면　신강이라　말을하나
金水강해　변약되니　신약사주　아니겠나

월지도화　놓았으니　모친님이　후처인데
己土암합　비겁이라　이복형제　있겠구나

인수용신　요긴하여　천재소리　들었는데
상관성이　같이앉아　선생님도　하였었다

卯木남편　연약한데　상관성이　진을치니
자식득자　하게되면　부부궁이　파산이라

卯申귀문　웬말이요　일시간에　앉았는데
己土일주　허약하여　신경쇠약　병이로다

남편자식　귀문앉아　밤낮으로　고민하고
머릿속에　온갖망상　꿈이더냐　생시더냐

己土일주　허약하여　비위약해　걱정되고
착하기가　그지없어　도솔천에　여인이라

작은체구　비대유방　가는몸매　허리길고
시모님이　호령할땐　눈도마주　못본다네

[181] 남명

대재력가

• • •

시	일	월	년
戊	甲	壬	壬
辰	午	寅	寅

시상편재　흉타마소　이사주는　아니라오
戊辰土가　생을받아　군비쟁재　못하누나

신왕재왕　놓은사주　모모재벌　틀림없고
수천금을　쓰더라도　백배천배　들어온다

인수성이　연좌하여　양모서모　있게되고
연월지살　놓았으니　고향에는　인연없다

비겁형제　양모생조　이복형제　있겠으나
그형제가　화합하니　가정교육　좋았구나

결혼하자　천금재산　부인님이　가져오나
처갓집이　쇠패함을　어느누가　알겠는가

식상간이　일주앉아　죽은조모　나를돕고
장모님이　딸을따라　그대에게　복을준다

현처귀자　두게됨은　시상편재　공덕인데
편재성이　득립하니　첩얼을까　걱정되네

역마편재　일지합은　회화획득　하여보고
중인재가　몰려오니　천하돈이　내돈이라

[182] 여명

노처녀

시	일	월	년
丙	庚	乙	甲
戌	辰	亥	辰

亥월庚일　신약인데　甲乙木이　당권하고
丙火태양　요긴하나　신약에는　소용없소

丙火태양　남편이나　신약하여　못받구요
일시간에　辰戌충은　독수공방　세월이라

辰戌충은　흙덩이라　파형지흙　틀림없어
흙덩이가　무너지니　흔들리는　바위라오

이리흔들　저리흔들　중심잡기　어려운데
재물신인　甲乙木이　어찌뿌리　내리리까

인수성이　일지앉아　학원선생　소리듣고
명강사에　이름나나　재물복은　없소이다

戌중辛金　형제성은　이리저리　파상당해
초혼안보　못하는건　당연지사　하겠지만

애석한건　백호살에　戌중辛金　앉았으니
형제거나　그부인은　비명횡사　틀림없고

정편재가　혼잡하니　이복고모　숙부있고
역마성에　앉았으니　그고모가　외국산다

연구

이 사주는 귀명(貴命) 같은 사주이다. 단편적으로 판단할 때 庚金이 戊辰土의 생을 받아 재관(財官)을 받아 낼 수 있지 않나 생각하겠지만 사주를 자세히 보면 甲木은 辰월에 대목지토(帶木之土)에 앉아있고 월상 乙木은 亥水의 생을 받아 乙木 또한 건왕하다. 그런데 庚金은 물상으로 돌이요 쇳덩이인데 사주 형상이 꼭 무너지는 언덕 위에 앉아있는 형국이다. 이는 무슨 말이냐 하면 辰과 戊은 흙인데 진술충(辰戊冲)을 치니 흙덩이가 부서져서 힘이 하나도 없는 형이다. 즉 단단한 흙이 아니라는 뜻이다. 고로 바위가(庚金) 무너지는 흙 위에 앉아있는 것과 똑같다. 내가(庚金) 이리저리 흔들리게 되는데 어찌 재관을 받아낼 수 있겠는가. 고로 흔들리는 바위라고 표현하였으며 甲乙木이 즉 재물이 木이 되는데 나무가 흙에 뿌리를 내리려 하다가 도저히 흙을 믿을 수가 없으니 그 뿌리를 내리기 어렵게 된다. 고로 재물복이 많이 약하게 되는 것이며 다음 시상 丙火가 戊중 丁火에 근하여 분명히 남자를 잘 만나야 하는 게 당연하겠지만 전혀 남자와 인연이 없었던 것은 丙火의 火氣를 辰土가 회광(悔光) 흡수하여 꺼진 태양이 되었으며 辰土 입장에서는 빨리 火기의 도움을 받아 살아나고 싶은 충동이 간절하게 드는 것이다. 그러나 아무리 火가 돕는다 한들 무너지는 흙이 되어 존재하기가 벅차다.

다음 원칙은 일시에 辰戊冲은 독수공방을 상징하는데 이 사주는 물론 辰戊冲에 독수공방이라고 보아도 틀린 것은 아니나 그보다는 甲乙木이 무너지는 흙에 오히려 더 흙을 약화시킨 원인도 된다. 이는 흙이 부서져 있는데 거기에 나무 막대기를 박으면 그 흙은 더욱 더 부서지는 것이고 둑이 무너지라고 기도하는 것밖에는 안 되는 것이니 흙 입장에서는 그 木이 반갑지 않게 되는 것이다.

고로 재물과는 인연이 없게 되는 것이다.

　사주쟁이를 하면서 절대로 보인다고 다 말해서도 안 되며 안다고 다 아는 척해서도 안 된다. 왜냐하면 우연히 던진 내 말에 어떤 결과가 올지 모르기 때문이다. 가능하면 좋은 이야기를 할 것이고 어떤 경우에도 희망의 끈을 놓게 해서는 안 된다. 그것은 사람이 살아가는 데 있어 마지막 희망이기에 절대로 내가 100% 아는 것도 아니면서 아는 체한다는 것은 심히 위험한 업을 짓는 것이기 때문이다.

　삼가 주의할 것은 절대로 부부애정 문제를 말해서는 안 되고 남녀불문하고 바람이나 애정문제에 휩쓸리면 크게 위험하다. 만약에 남자가 바람을 피운다고 해도 절대로 말해서는 안 되는 것은 그 문제가 불거져서 부부가 깨지는 경우가 많다. 바람이라고 하는 것은 보이지 않는 것이요, 나타나지 않는 것이 바람일진대 괜히 들쑤셔서 조용한 집을 평지풍파가 오게 하는 것은 큰 죄를 짓는 것이다. 따라서 부모의 애정이나 이복형제나 실제로 모르는 사람이 더 많으니 어떠한 경우에도 언급을 하지 말길 부탁드린다.

　철학관은 어떤 경우에든 남의 가정을 맺어줄 의무가 있는 것이며 최대한 지혜를 짜내어 그 가정을 맺어주도록 노력해야 한다.

　나는 아는 것은 없으나 삼가 나의 학을 공부하시는 여러분들은 이 책에 나오는 부부나 애정문제 또는 부모의 여러 가지 상황을 절대로 악용하지 말길 진심으로 부탁드리며 이 책에 기록하는 것은 공부를 함에 있어 이런 사주도 있고 저런 사주도 있는 것이니 연구함에 필히 필요하므로 적은 것이지 그것을 악용하라고 적은 것은 절대 아니다. 물론 나의 노파심이라고 생각하고 부디 좋은 일에 활용하기를 진심으로 바란다.

〔183〕 여명

도화밭에 양귀비라

• • •

시	일	월	년
丙	乙	壬	壬
子	亥	子	子

子월乙일　출생인이　천지만국　수국이네
부목지상　되었으니　이리저리　흔들린다

부평초의　이네신세　안착하기　어려운데
시상상관　놓았으니　이를어이　하오리까

乙일상관　丙子시는　식모마담　기생이요
시봉도화　꽃이되어　밤문화에　나비로다

인수투출　당권하니　명문대에　출신이나
교직생활　포기하고　일배이배　부일배라

편정인수　혼잡하니　앙모서모　유모있고
亥중甲木　형제성은　독수로서　신음이라

일시인수　효신하니　무자사주　되었는데
만약득자　하게되면　봉사거나　익사로다

안목이상　있는것은　丙火태양　꺼짐이요
심장병에　신음함은　水火상극　영향이네

가는몸매　고운피부　乙일생에　多水구요
백옥피부　주신것은　도화밭에　꽃이라오

[184] 남명

재혼하고도 실패로다

• • •

시	일	월	년
甲	庚	丙	庚
申	午	戌	戌

사주팔자　논할적에　신강신약　구별하고
오행두루　살펴보고　길흉화복　판단하소

그대사주　庚일주에　丙火착근　午火인데
강철같은　쇳덩이를　쇳물녹여　종만든다

명성진종　종울리니　천지만리　소리나고
대부대귀　하게됨은　丙午火의　공이로다

庚일주에　丙火봉은　공업가에　많이보고
일주록근　관흥하니　그아들이　대성한다

시상편재　일주강은　재혼작첩　못면하고
몇번이나　결혼실패　시상편재　탓이라오

無水봉지　갈증나니　주유사양　마다않고
편재살지　부친이라　부친님이　객사로다

월지관인　놓았으니　부귀가문　자랑인데
암재합에　형제성은　다형제가　성공이다

정편관이　암합하니　소실득자　하겠는데
본처소실　각방에서　그씨앗이　자라더라

[185] 남명

신체불구에 정신이상이다

● ● ●

시	일	월	년
壬	丙	己	庚
辰	申	卯	申

이월이라　丙火태양　온대지에　비추는데
하늘에는　폭우오고　일락서산　저물구나

卯木씨앗　뿌리려다　전원밭에　홍수지니
파종함이　어려우니　결실기대　하지마소

丙申일에　무격신세　상이용사　많을진대
그대사주　丙申일에　재살국이　두렵구나

일시간에　급각살을　신체불구　나타내고
卯申귀문　하였으니　불구더냐　정신이냐

다시한번　추리하니　불구자가　틀림없고
신경쇠약　자주있어　의사선생　도움받네

卯木성은　모친이요　申金성은　아내인데
모와처가　나를공격　그로인해　병원갔다

귀한아들　득자함은　시봉壬水　공덕이나
처자식이　나를눌러　공처가가　살길이라

木火운이　도래하면　그런대로　견디련만
金水마을　지날때에　처자식이　떠나누나

〔186〕 남명

문서손실 싸움이다

● ● ●

시	일	월	년
戊	戊	癸	丁
午	子	卯	酉

이월달에　전원동산　진흙탕에　앉았구나
시봉午火　의지하나　중심약해　허실이다

戊일생인　실중화는　허명허리　부실인데
천금같은　기회오나　시기놓쳐　후회더라

子午卯酉　사패성에　도화봉지　하였으니
이내마음　이중마음　도화꽃이　그립구나

인수성이　파형충에　모친인연　박약인데
부모님이　이혼별거　水火상극　탓을하소

인수도화　요긴하여　문서수옥　탐하는데
송사마당　귀인찾다　문서재물　잃었다오

그대천직　문서라망　경찰이나　의업연관
재인상쟁　하게되니　돈입하면　구설이라

子午충에　자식님은　돈달라고　보채는데
문서손실　자식대는　속절없이　패가로다

재물오면　문서손실　문서오면　재물손실
수옥살이　몸에감아　평생송사　주의하소

[187] 남명

유랑, 배 타는 게 천직이라

• • •

시	일	월	년
乙	丁	丙	辛
巳	酉	申	卯

申월丁일　촛불님이　태양가려　광채소멸
월봉丙火　보았으니　태양빛에　힘없다네

늦은밤에　빛나는게　촛불지상　이치인데
어찌하여　한낮에서　촛불켜고　복찾느뇨

사주다재　하였으니　부친인연　쇠약하고
인수모친　파극받아　모친인연　또한없다

재다신약　이내몸은　돈벌기가　어려운데
부잣집에　가난함은　신약사주　탓이라오

월상丙火　형제성은　丙辛합水　없어지니
형제간에　흉악괴변　피할길이　없소이다

이복고모　숙부님은　정편재의　혼잡이고
역마성에　자식앉아　자식타도　해외더라

丁壬합에　木성찾아　수산업이　천직이요
申金역마　재물따라　만경창파　배를탄다

대운봉지　金水마을　대패손재　하였는데
木火운이　도래해도　큰재물은　어렵다오

〔188〕 남명

늦둥이를 두시지요

• • •

시	일	월	년
丁	癸	辛	戊
巳	酉	酉	午

金水쌍청　맑은기운　추월癸일　출생이라
신왕재왕　놓았으니　부귀지명　사주로다

金水운은　곤고질액　파란만장　세월이나
木火土운　봉지할때　부귀공명　하겠네요

월지인수　놓았으니　유학한번　가보구요
인수투출　하였으니　명석하기　그지없다

亥子丑운　초년에는　집안곤고　탄식했고
寅卯辰운　도래할시　천하영웅　소리듣네

역마성에　재물있어　무역화공　인연인데
의류화학　그직종에　능력인정　받게된다

신왕재왕　되었으니　결혼하고　돈을벌고
귀한아들　득자하면　집안번창　하겠구나

甲木무봉　金水왕에　작은키에　단단하고
火土성이　몸을감아　약간통통　하게된다

그대에게　권하노니　부디늦게　자식두소
늦둥이가　대성하니　필히명심　하시게나

〔189〕 여명

간호원

● ● ●

시	일	월	년
壬	辛	丁	辛
辰	亥	酉	丑

가을이라 자갈밭에 하늘에는 비가오고
상관성이 당권하여 정화촛불 꺼지노라

정화촛불 누구던가 그대남편 되었으니
귀한아들 득자하면 필시상부 하게된다

金水쌍청 맑은기운 호숫가에 탁수인데
亥중甲木 재물신은 호숫물에 잠겼구나

물결따라 흔들리니 부평초의 재물인데
작은재물 부여안고 내꺼라고 소리치네

물결속에 작은흙은 모친님이 되었으니
그대자식 득자하면 모친님도 별세로다

많은가지 형제형은 이복형제 각자분리
작은쇠가 부딪치니 소리나는 형제더라

상관성이 기운받아 그유방이 비대하고
金水봉에 辛일주는 작은몸매 백옥이라

일지천문 몸에앉아 만인구호 운명인데
주사침을 손에잡고 간호봉사 공덕이다

(190) 여명

잘해 주고 좋은 소리 못 듣는다

• • •

시	일	월	년
乙	己	乙	戊
亥	亥	卯	子

이월이라 전원밭에 개울물이 넘치는데
연약지홁 없어지니 종살격에 사주라오

명암부집 천지덕합 남편궁이 당권하니
이내몸은 남편따라 이리저리 휩쓸린다

남편출세 하는것은 천지간의 이치이나
돈대주고 뺨맞으니 억울하기 그지없다

부친무덕 하게된건 사주다재 영향이요
형제간에 비명횡사 戊토살지 탓이라오

정성으로 기도하나 무자사주 되었으니
하늘에서 나를보고 무자로서 살라구나

일시역마 몸에낮아 타향지객 팔자인데
비위약해 신음함은 己토허약 탓이라오

己토착근 午화하니 말띠남편 만났으나
외방자식 그리워서 야반도주 하였더라

좋은세월 못만나서 평생작사 불성인데
여명종살 좋다마소 이사주는 아니라네

[191] 남명

양처득자

● ● ●

시	일	월	년
己	庚	甲	丙
卯	午	午	戌

오월이라　염천지월　이네몸은　쇳덩이라
불덩이가　내리구워　고갈쇠가　아니던가

甲목이라　부친님은　불덩이에　소멸인데
火신님에　노하서서　부친횡사　조별이라

시간궁에　卯목성은　乙庚합에　연애결혼
卯申귀문　합이되니　말썽많은　결혼이라

도화밭에　꽃이피어　한잔술을　탐하노니
본처해로　한다는건　지극하나　어렵수다

재취작첩　삼팔목에　세번이니　팔번연애
축첩바람　합을하니　어느것이　맞더이까

관살태왕　패망극은　자식낳기　어려운데
이리저리　합을하여　본처소실　득자로다

庚金성은　대장혈질　불덩이에　녹았으니
밤낮으로　혈질대장　신음함에　선잠자고

卯목급각　시봉좌는　수족이상　신음인데
팔자리에　관절마비　병원자주　찾아간다

〔192〕 남명

무정세월 한탄이라

• • •

시	일	월	년
甲	甲	甲	戊
子	寅	寅	申

寅월이라　소나무가　천지만국　밀림이라
申시지나　子시되니　밀림속이　어둠이라

협구공재　좋다마소　이사주는　아니온데
연상戊토　만난것은　군비쟁재　아니던가

축토아내　간직하여　지극정성　다했으나
이내마음　몰라주고　야반삼갱　떠났구나

戊토부친　파극함은　甲목성의　다쟁지木
부친님이　초년객사　역마살지　탓이라오

일월간에　역마성은　그대나고　고향이사
모친님이　재가하여　남의밥을　먹었구나

비겁성이　태왕하니　이복형제　있게되고
그대형제　시기질투　나의재물　분탈하네

고모숙부　귀인찾아　늦은밤에　문전노크
해자축시　삼경야반　그대어찌　몰랐나요

문전박대　설은소리　가슴속에　못박히고
하늘보고　탄식하고　땅을보고　한숨짓네

[193] 남명

자식이 대성, 고위공직이라

시	일	월	년
己	癸	戊	辛
未	酉	戌	亥

가을계곡　맑은물에　단풍잎을　띄웠는데
오색잎을　물에띄워　산수풍류　즐겁구나

요산요수　풍류하니　한수시가　떠오르고
일배일배　부일배에　친구들도　좋아한다

월상부모　공덕받아　이내몸과　합을하니
나랏님이　나를보고　문서도장　맡기더라

인수성에　천문지합　똑똑하기　그지없고
천문성이　합을하니　천재소리　들었수다

재관동주　일주합은　총각득자　사주인데
귀한아들　출생하여　그가문을　계승한다

귀한아들　양봉씨앗　일주합에　효자인데
자식득자　하게되면　승승장구　출세더라

전생공덕　천지상합　천관지축　구전인데
지지연여　잘도놓여　대인사주　되었도다

土金水에　삼상격은　맑고맑은　사주로니
계곡물에　오색단풍　좋아라고　넘실된다

(194) 여명

이녀동부

시	일	월	년
癸	癸	戊	辛
亥	酉	戌	亥

戌월癸일　출생인은　맑은샘물　근원인데
戊土제방　둑을쌓아　전기불을　켜는구나

戊土제방　그대남편　우뚝솟은　대륙인데
천지간에　다재합은　그대근심　아니겠나

자매강강　이녀동부　나의남편　서로잡고
내꺼라고　주장하니　이를어이　하오리까

관인신합　되었으니　관인도장　내몸있고
酉戌합에　천문성은　의료거나　공직이라

그대본인　출세함은　당연지사　하겠으나
보수주의　남편님이　대화불통　고민이라

壬癸일생　맑은샘물　맑고맑은　샘물인데
戊癸합에　태양얻어　노을빛이　찬란구나

개화지상　맑은샘물　만인간의　사표인데
설은신음　달래면서　만인구호　하는구나

자식님은　亥중甲목　천문성에　앉았으니
그자식이　장성하면　대성하게　되겠구려

[195] 남명

혼혈아 득자

● ● ●

시	일	월	년
辛	丁	辛	丁
亥	亥	亥	酉

엄동이라　촛불님이　그대사주　되었으니
亥시야반　밝은등불　수살국에　꺼졌구나

삼봉亥에　從살하니　종사주가　아니겠나
역마살국　從이되어　해외인연　있겠네요

만경창파　높은파도　그대에겐　행운이니
해외만리　다녀와서　허리금전　가득하다

외화획득　국익선양　명진천하　성공하고
결혼하자　창고재물　서생원도　춤추더라

관살태왕　무자사주　틀림없는　사실인데
양편재가　일지합은　외방자식　득자구나

년상丁火　형제성이　水살국에　없어지니
나의형님　비명감을　어느누가　아시리까

부친형제　흉사함은　금황수저　영향이요
모친님이　풍질한자　임종병에　고생이라

丁화촛불　水에꺼져　눈시력이　어둡고요
巳운봉지　사주난전　흉액괴변　두렵다오

〔196〕 남명

후처 소생

● ● ●

시	일	월	년
庚	丙	甲	辛
寅	寅	午	酉

더운여름　태양빛은　뜨겁기가　한량없고
木火통명　빛을발해　사주고갈　헉헉일세

월건도화　봉지하니　후처소생　되었는데
이내몸은　조상따라　양처운명　되었구나

시상편재　인겁왕은　필시재혼　나타내고
이복형제　재혼함은　비겁태왕　영향이라

편재살지　역마앉아　부친횡사　못면하고
두여인이　부친놓고　눈물세월　하였더라

더운불에　나무타니　갑갑하기　그지없고
열화같은　그대성격　어느누가　막으리까

탕화살이　몸에감아　염세생각　자살인데
귀한생명　명심하고　인격수양　하시게나

처자무덕　탄식함은　편재인성　난전이요
도화처에　재물앉아　후처덕을　보는구나

부모업장　내리받아　재혼하여　성공하니
우연인지　필연인지　업보인지　알쏭하다

[197] 여명

가는 몸매 허리 길다

• • •

시	일	월	년
~甲	己	甲	甲
子	亥	戌	寅

전원이라　작은텃밭　곡식심어　추수인데
작은밭에　다봉밀림　자리싸움　치열하다

서로서로　자리다툼　내땅이라　주장하니
이내몸은　어느편에　안착하여　중심잡노

己토일주　신약하니　너무착해　중심없고
이곳저곳　의지하니　착한거냐　난잡이냐

戌중辛金　자식님은　호적에는　올렸는데
숨은자식　戌亥합은　이곳저곳　자식이라

亥子水는　시모하니　양모시모　모셔보고
재생관살　甲木이라　효자남편　고민이다

가는몸매　허리길고　신경쇠약　앓았는데
눈시력이　몹시약해　안경없인　봉사로다

己토일주　허약하여　위장질환　몸에달고
비대유방　놓은것은　암장辛금　공덕이라

인수성에　모친님은　가문현적　자랑하니
나의형제　재혼함은　甲목투출　착근일세

〔198〕 여명

남편 자식이 크게 성공한다

• • •

시	일	월	년
甲	甲	辛	己
子	寅	未	酉

未월이라　염천지상　우뚝솟은　소나무라
子수샘물　요긴하여　소나무가　잘도큰다

암장火가　결실도와　열매풍요　틀림없고
가을되면　곡식창고　만곡간이　가득터라

월상辛金　남편님은　酉金성에　착근하니
그대남편　성공함은　당연지사　아니던가

丙화태양　누구더냐　그대자식　되었는데
寅목성이　상생하여　동량재목　되겠구나

재관착근　연월성은　부귀가문　자랑하고
대쪽같은　부친님이　가정교육　엄했다오

子水샘물　인수성은　해외유학　인연이요
未월木일　요긴샘물　스승이나　행정이라

만인간에　스승되어　백묵잡고　글씨쓰고
박사학위　가문현적　집안족보　빛이난다

시봉공망　흉타마소　이사주는　아니온데
단식판단　오차남을　깊이깊이　명심하소

(199) 남명

아드님이 몇 번 결혼 실패로다

시	일	월	년
壬	丁	丁	丁
寅	亥	未	未

未월丁일　삼봉丁에　일壬성이　합했구나
바닷물이　달빛합에　쟁합지상　분명하다

一丁一壬　존귀한데　一壬다丁　요합하니
壬水님이　서로놓고　내꺼라고　주장한다

관인신합　되었으니　필시관인　사주이고
역마인수　일지합은　문서조장　재물이라

인수문서　역마하여　외교거나　무역행정
해외여행　다니면서　문서도장　돈을버네

일시상합　하는것은　현처귀자　인연이요
귀한아들　득자하니　그아들이　대성일세

월지상관　亥水합은　장모님을　봉양컨대
귀한아들　키워주니　그은혜를　잊지마소

시상壬水　다정합은　아들님이　틀림없고
필시출세　하게되나　재취삼취　못면하리

애석도다　통탄도다　행복지남　사주이나
자식결혼　풍파세월　노후시름　많겠도다

[200] 남명

모와 처로 인하여 신경쇠약

• • •

시	일	월	년
庚	丙	己	庚
寅	申	卯	戌

이월이라　논밭갈고　곡식파종　준비컨대
丙화태양　비춰주니　좋은사주　되었도다

그리해도　태양님이　뿌리없는　서산이요
저문태양　야반오면　찬서리가　내린다오

초년야반　중년태양　노후서산　운이되니
중년운에　내말듣고　치부간직　잘하게나

월건모친　卯목성은　다庚金과　합을하고
도화망신　몸에감아　후처소생　아니던가

卯申귀문　신경쇠약　모친아내　자리하니
부부싸움　할때마다　그대족보　건드린다

일지편재　좌장하여　본처해로　어려운데
재혼행복　갈망하나　다시악처　고생이라

암장자식　역마형이　귀문관이　동주하니
밤낮으로　고민함에　이별할까　말까더라

역마형에　차사고는　더러더러　손님이요
申운봉지　마을오면　세상풍파　귀림일세

〔201〕 남명

초년운에 울었구나

• • •

시	일	월	년
癸	癸	壬	癸
丑	酉	戌	酉

가을이라　　돌산위에　　이슬비가　　내몸이라
천지간에　　태풍불어　　가을비가　　폭우됐네

이슬비가　　폭우되어　　비바람이　　몰아치니
이내몸은　　이곳저곳　　어디에서　　안착하랴

탁수정화　　하게되면　　부귀공명　　하겠지만
金水마을　　지날때에　　어찌세월　　보내련가

비겁성이　　진을치니　　다형제가　　분명한데
인수요합　　일주합은　　모친님이　　두분이라

工戌백호　　戌중丁화　　그대부친　　틀림없고
비바람이　　몰아칠때　　그대부친　　객사더라

모친님이　　나데리고　　재혼소실　　시집가니
초년고생　　서러워서　　뒷산가서　　울었다오

관인신합　　되었으니　　설움극복　　출세하고
火土운이　　중년와서　　옛말하고　　살겠구나

화공건축　　천직이니　　설비거나　　공학계열
일문천오　　명석두뇌　　그대사주　　아깝구나

(202) 남명

후처 소생 대출세라

• • •

시	일	월	년
庚	丁	丙	丁
子	酉	午	丑

| 午월丁일 | 출생인이 | 시상庚금 | 만났구나 |
| 庚금착근 | 酉금하니 | 재물복이 | 많겠구요 |

| 제련소에 | 불덩이는 | 좋아라고 | 춤추는데 |
| 丑酉합금 | 공급하니 | 제련소가 | 빛나더라 |

| 재생관살 | 子수님은 | 존귀하기 | 그지없고 |
| 마패옥패 | 몸에감고 | 천하호령 | 하였도다 |

| 월건도화 | 놓았으니 | 후처에서 | 출생인데 |
| 비겁형제 | 사이좋아 | 그가지가 | 화합했다 |

| 부친님도 | 건왕하니 | 그가문이 | 명문이요 |
| 丁화록근 | 하였으니 | 착하기가 | 그지없네 |

| 현처귀자 | 두게된건 | 일시재관 | 공덕이요 |
| 도화처를 | 만났으니 | 이쁘기가 | 양귀비라 |

| 자손대성 | 하는것은 | 시상庚금 | 상생이요 |
| 천금재산 | 희롱함을 | 어느누가 | 알쏜가요 |

| 그대천직 | 재무세무 | 타고난복 | 사실이니 |
| 대학갈때 | 명심하고 | 그쪽학과 | 진출하소 |

[203] 남명

큰 인물이 탄생했네

• • •

시	일	월	년
壬	丙	乙	庚
辰	寅	酉	寅

酉월丙일　출생인이　재관인이　착근이라
삼반귀물　득지하니　천하영웅　사주로다

庚금성은　酉금착근　乙목성은　寅목이요
壬수착근　辰토하니　천하인재　되셨도다

월지재관　부귀가문　부친님이　출세했고
인수상생　현숙하니　화목집안　틀림없다

인수성에　역마하니　외국유학　다녀보고
정편인수　왕성하여　외국어도　소질있다

시상편관　제살하니　관록궁이　천종이요
丙화태양　자애로워　호인소리　듣는구나

높낮이가　없는것이　태양이란　성이온데
음지양지　안가리고　공평하기　그지없네

시상壬水　아드님은　辰토착근　출세하고
장모님이　도와줌은　辰토봉지　제살이라

그대에게　권하노니　법권형권　천직하니
대학갈때　정치외교　불연이면　세무라오

(204) 남명

불구로다

• • •

시	일	월	년
甲	甲	丙	辛
戌	申	申	丑

가을이라   석산위에   뿌리파상   소나무라
돌산위에   소나무가   어찌편히   자랄쏜가

丙화태양   꺼져버려   비바람이   몰아치고
연약뿌리   파상하여   날아갈까   염려되네

급각살의   일주신합   수족이상   사주인데
월지丙辛   비바람이   그대허리   휘감도다

巳운오니   金신님이   좋아라고   춤추는데
역마살국   형살하니   마귀춤이   아니던가

편재아내   역마상합   사립문이   열려있고
甲목찾아   떠나가니   야반도주   서럽네요

무자사주   되신것은   일주허약   탓이구요
丙화태양   꺼졌으니   득자하기   어렵구나

타향객지   전전함은   일지역마   영향이요
놀부욕심   탐이남은   월상丙화   영향일세

평생작사   불성하니   그만욕심   거두시고
나랏님이   보조하니   마음편히   사시구려

[205] 남명

대재력가

● ● ●

시	일	월	년
甲	丙	丙	辛
午	戌	申	丑

申월丙일　출생인은　일락서산　사주인데
저문태양　속절없어　木火성에　의지한다

시상甲午　요긴하여　그대사주　중심잡고
식신생재　탐스러워　큰재물을　벌겠구나

식상일지　놓았으니　관대하기　그지없고
丙화일주　木火봉은　뚱뚱하고　비대하다

일지천문　하였으니　의업인연　주었는데
천도로써　구제하니　구호십만　하겠구나

만약의업　아니며는　재무세무　당권이요
그리해도　천금재산　어느누가　부인하랴

인수현숙　하였으니　모친님이　현숙한데
형제사이　유득하여　한집안이　화평하다

부창부수　노래소리　담장넘어　선율이요
장모님이　잘키워서　나에게로　현처줬네

살지형제　월상丙火　비바람에　없어지니
형님께서　자식두고　먼저감이　안타깝다

[206] 남명

식품공장 사장

● ● ●

시	일	월	년
戊	戊	戊	甲
午	申	辰	午

춘삼월에　전원동산　개화만발　하였으니
벌나비가　날아드니　평화롭기　그지없고

논밭갈고　씨뿌려서　가을풍요　대비하니
대기만성　하게됨을　어느누가　알쏜가요

년상기운　월일상합　이내몸에　모여오고
암요귀인　일시간에　천하귀인　도와준다

장모님이　요긴하니　결혼하고　부자되고
현처귀자　두게됨은　申辰합에　영향이라

戊일火국　착근하니　뚱뚱하고　키가작고
팔자걸음　여유만만　너그럽기　그지없다

조상음덕　내려와서　나의몸에　머무느니
전생공덕　닦았음을　사주로써　알겠도다

역마성이　내몸앉아　고향에는　인연없고
인수성이　월시상합　의모양모　모셔봤다

식신생재　요긴하니　음식공덕　인연인데
그대천직　식품공장　할이공덕　먹여준다

[207] 남명

자식이 흉사더라

• • •

시	일	월	년
丙	甲	丙	乙
寅	辰	戌	未

戌월이라   저녁노을   안개밭에   태양두개
사물고갈   하게되니   헉헉대는   소나무라

귀록용겁   하는것은   사주학의   기본인데
아우생아   재성집결   파형살에   분란일세

양봉조모   태양님은   두조모를   나타내고
정편재가   파극되니   두장모가   아니더냐

고모숙부   비명횡사   乙未백호   파상이요
부친님이   비명감은   甲辰일에   형이로다

상관당권   놓은사주   자식궁이   불미한데
戌중辛금   백호자식   불덩이에   녹는구나

처음득자   난해하여   불철주야   애썼는데
중도좌절   웬말이냐   대성통곡   탄식이다

자식손자   하고나니   마누라가   나를원망
밤낮으로   괴롭히니   그만이별   하고만다

언뜻보아   좋은사주   귀명사주   같사오나
요리조리   둘러보니   풍파세월   한탄이네

[208] 남명

장모님이 귀인이다

• • •

시	일	월	년
庚	辛	辛	戊
寅	亥	酉	戌

酉월辛일　출생인이　천지당권　토금이라
亥수설기　寅목상생　상관생재　아니더냐

왕희순세　천지도법　亥수성이　요긴한데
亥수성은　누구더냐　그대장모　아니던가

장모님이　불철주야　그대걱정　기도하고
그공덕이　내려오니　천금만금　희롱한다

화개성이　인수앉아　모친님이　불신자고
현숙함에　고상기품　태산준령　높고높다

역마성에　암재하니　외화획득　허리차고
현해탄을　오고가니　외국돈이　내돈일세

현처귀자　복받음은　寅戌합한　공덕이요
급각살이　시봉좌하　허리관절　안좋구나

월지비겁　하였으니　다형제가　틀림없고
寅亥합木　합결따라　형제재혼　못면한다

작은몸매　단단함은　이소령도　울고가고
자식들이　천문상합　그가문을　빛내더라

〔209〕 여명

과부 사주로다

● ● ●

시	일	월	년
癸	丙	壬	戊
巳	寅	戌	戌

丙화태양　巳화록근　존귀지명　사주인데
여명사주　상관성에　남편님이　걱정이다

가을태양　요긴하나　너무태과　걱정인데
이슬비가　안개속에　흔적없이　소멸했네

월상안개　태양속에　흔적없이　없어지고
시봉이슬　태양뜨자　벼락같이　없어졌다

허허실실　실실허허　많다가도　없어지니
그대남편　백호살지　어찌보존　하오리까

일시상충　하게됨도　부부이별　당연한데
인수모친　파극되니　모친조별　첨가더라

식상관이　합을하니　처녀포태　임신이요
타생자식　부양함은　식상일합　영향일세

巳중庚금　부친님이　불덩이에　없어지고
지살역마　가임하여　부친님이　가출했네

식상투출　당권하니　자식대성　하겠는데
늘그막에　불효자식　쓸쓸함이　안타깝소

〔210〕 여명

무자사주

● ● ●

시	일	월	년
甲	甲	辛	癸
子	子	酉	卯

甲子일에　甲子시는　자요사격　사주인데
추월생인　자요사격　파형지상　되었도다

관성봉지　흉명하니　파격지상　가중이요
인수효신　살성강해　어느것이　당했느냐

자손이라　상관성은　인수성에　패했으니
그대에게　무자업은　전생업의　영향일세

인수투출　癸수하니　학업에는　우수했고
卯酉봉에　인수하여　의사거나　간호설계

상중하의　격을잡고　그대에게　적용하니
의사봉지　상격이나　그대하격　간호더라

酉금남편　다쟁木에　남편바람　노심초사
신경쇠약　앓아봄은　子酉귀문　영향이라

고모숙부　살지않아　비명횡사　단명이요
다봉인수　비겁생조　양모사주　아니던가

유방자궁　수술함은　卯酉충에　영향이요
늘씬한키　약간통통　甲子일에　水봉일세

〔211〕 남명

무자사주

•••

시	일	월	년
丙	甲	辛	甲
寅	寅	未	寅

未월甲일　록근인데　시상丙火　봉지로다
丙화태양　木火通明　그밝기가　빛나더라

목화통명　빛이나니　문명지상　되었는데
만인구호　스승하니　교수더냐　의료더냐

월상辛금　작은쇠는　불덩이에　녹았는데
辛금쇠는　자식이라　자식득자　어렵다오

이내몸은　출세컨대　어찌하여　무자인가
밤낮으로　기도하나　상관태양　얄밉더라

암장비겁　일지합은　가지수가　다르나니
정편재가　다암합은　부친형제　많았도다

본처양처　두게됨은　정편재의　혼합인데
암장재는　숨은여자　어느곳에　여자인가

년일지살　놓았으니　고향인연　무익한데
해외만리　다니면서　세상구경　많이한다

丙화태양　장모님이　이내몸과　합을하니
그대장모　인연주니　잘모시고　복받으소

〔212〕 남명

대재력가

• • •

시	일	월	년
丙	甲	癸	甲
寅	戌	酉	午

가을이라　사과나무　꽃피워서　열매로다
가을태양　오곡결실　일시궁에　열매로세

오행상생　잘도하여　두루두루　돌고돌아
천하문서　내게오니　대부자의　사주로다

현처귀자　탐스러워　부창부수　노래하고
대인군자　인품있어　만인간의　사표로다

시상丙화　장모님은　예쁜공주　나를주고
선조대에　부귀가문　이내몸이　대를잇네

甲목이라　귀록하니　중심바른　사람이고
상관생재　일지편재　적선사업　인정많다

월상인수　모친님은　현숙하기　그지없고
편재부친　일주앉아　부친화목　정겹구나

酉戌합에　자식성은　효자소리　듣게되고
서로상합　잘도하니　성공함도　당연하다

일시편재　중인재라　사업하여　돈버는데
역마인합　재물생해　외화가득　집안이다

[213] 남명

사장, 공장 경영

● ● ●

시	일	월	년
戊	甲	戊	丙
辰	子	戌	申

戌월甲일   출생인이   戊土투출   편재로다
격국용신   논해보니   편재용인   아니던가

申子辰水   요긴하여   대격구성   이루었고
재인투쟁   흉타마소   이사주는   아니라오

재인상합   인수되니   문서재물   몸에오고
천금재물   합을함을   어느누가   알쏜가요

연지申금   자식님이   戊戌土의   생을받아
그자식이   대성함은   조상덕이   아니겠나

인수성이   삼합하니   모친형제   다봉인데
명문대의   사각모가   현관앞에   사진일세

일시간에   편재상합   재혼여자   나타내나
인수상합   요긴하니   현처인연   주었더라

생일지에   도화살은   인수도화   틀림없고
문서도장   계약할때   귀인래조   행운이다

선대풍요   삼대부자   자식님이   있겠는데
가을열매   꽃피운건   태양조명   공덕이라

(214) 남명

화상 흉터

● ● ●

시	일	월	년
己	癸	丙	壬
未	丑	午	午

오월이라　염천지월　사막밭에　오아시스
웅덩이가　말랐으니　샘물고갈　헉헉이라

癸수착근　丑토하나　未丑형에　파상되고
연상壬水　뿌리말라　구름속에　없어졌다

화토세가　당권하니　천지살국　돌변하고
이내몸은　안절부절　어디에서　샘물찾나

이도저도　아니되어　하격사주　분명한데
편관칠살　호랑이라　나를공격　하는구나

丑午탕화　몸에감아　불덩이가　덮치나니
더운여름　끓는물에　수족화상　상했구나

사주다재　월상봉은　부친인연　박약인데
모친님도　파상되어　그모수술　불구더라

금수봉지　운이오면　그런대로　살겠으나
초년화운　염천이니　공부인연　없겠구나

그대천직　수산해운　불연이면　금속냉장
초년시름　탄식마소　금수운에　대성하네

(215) 남명

교수

● ● ●

시	일	월	년
甲	甲	辛	壬
子	子	亥	子

亥월甲일　출생인이　천지만국　수성이라
하늘에는　눈보라가　삭풍되어　나리노라

동월甲일　水木태왕　火없다고　흉타마소
왕희순세　법칙으로　사주한번　풀어보자

水木운은　성공이요　土運봉지　실패인데
아능생모　역세하면　천지풍파　손님일세

그대대운　평생행운　고속도로　되었으니
좋은세월　노래하며　거문고에　풍류로다

월상辛금　자식님은　금항수저　잠겼으니
지극정성　기도해도　자식간직　어렵더라

일시도화　자요사격　이쁜여인　만났으나
순모역세　거역하니　처궁간직　어렵더라

인수태왕　편재약은　부친인연　없겠는데
사주무재　놓았으니　양모더냐　별부더냐

겨울나무　꽃못피워　한목지상　되었다가
중년화운　반가워서　교수소리　듣는구나

〔216〕 여명

남편자식 성공이라

● ● ●

시	일	월	년
辛	丙	庚	戊
卯	戌	申	子

일락서산　칠월달에　丙화태양　보았으니
천지간에　사물들은　앞다투어　결실터라

편재득립　월지하니　명문가의　자손이요
재생관살　하게되니　그남편이　출세한다

卯戌합에　진미있어　木火운이　반가운데
육십평생　목화하니　무엇인들　부럽겠나

丙화태양　인자하여　자선심이　많게되고
인수문서　요긴하여　문서장만　잘도한다

생일지에　천문성은　부처인연　공덕이요
천문성에　자식앉아　그아들이　의사로다

申중壬水　나의남편　범대운에　상하는데
범두마리　파형할때　그대남편　어디갔노

丙일인수　金水성은　가는몸매　키가크고
김치장맛　잘담가서　온동네가　칭찬일세

지극정성　기도하여　만인간에　보시하니
아들대가　가문승계　그가문이　빛나더라

[217] 여명

무자

● ● ●

시	일	월	년
丙	甲	戊	庚
寅	子	寅	戌

寅월甲일　출생인이　월지건록　귀록이라
신왕재왕　하게되니　귀명구조　이루었다

甲子순중　戊亥공망　庚戌순중　寅卯공망
부부자식　공망살에　빈방홀로　지키노라

인수효신　甲子丙寅　자식잡는　몹쓸놈이
공망살과　합세하여　자식득자　어렵더라

丙화태양　목화통명　문명지상　자랑하고
만인간을　가르치니　백묵잡은　선생이라

년상庚금　남편님은　역마싱에　앉아있고
부부궁이　공망하니　더러더러　떨어진다

편재득립　월상戊토　재물복은　있사온데
庚금남편　상생하니　남편출세　시키더라

협구공재　丑토성은　시모님을　나타내고
서로서로　상생하니　효부소리　듣는구나

甲일寅월　子수봉은　약간뚱뚱　키가크고
丙화설기　요긴하니　인자하고　지혜있다

[218] 남명

결혼하고 돈벌더라

● ● ●

시	일	월	년
戊	辛	乙	戊
子	卯	卯	子

卯월辛일　출생인이　무근살지　종재더라
사주기운　乙목집결　卯목착근　귀명이네

乙목이라　등나무가　이월달에　꽃을갈망
꽃피우고　열매여니　화공직업　천직이라

이월달에　乙목성은　왕지자리　재물인데
乙목재는　누구더냐　그대아내　아니던가

결혼하자　매일매일　그재물이　늘어나고
처가복을　가져옴을　어느누가　아시겠나

일시간에　형을하니　몸에수술　흉터있고
장모님이　파극되니　그대장모　독수로다

외강내유　음양조화　바른인품　소유자고
자식궁에　형살있어　떨어져서　살겠구나

일지단교　몸에앉아　팔자리가　상하는데
酉대운이　봉지하면　재물손재　신액있네

불연이면　임종지병　부디부디　조심하고
처자봉변　일신유액　깊이깊이　명심하소

[219] 남명

고속도로 인생이라

시	일	월	년
辛	戊	丁	辛
酉	午	酉	丑

酉월戊일　노을동산　작은촛불　밝히는데
酉시지나　戌시오면　태양소멸　등촉밝다

丁화봉지　午화촛농　어두운밤　밝히나니
대운봉지　木火오면　천하관명　빛이나네

월건인수　요긴하여　일장당권　하였는데
인수당권　하였으니　문서도장　몸에있다

辛酉상관　태왕하여　몹쓸사주　같사온데
화련진금　보석제련　명보석이　아니더냐

모친님이　인수하여　그대교육　잘했나니
만인간이　인품보고　사표되어　받들더라

巳午未운　火운오니　고속도로　운세인데
명진천하　득명하니　지왈모모　아니던가

상관태왕　흉타마소　이사주는　아니온데
현처귀자　두게됨을　어느누가　알쏜가요

상관성이　태왕하여　조부대는　불미했고
도화장모　놓았으니　장모님은　두분일세

※ 본서에 나오는 사주나 필자가 작성한 문구를 임의로 도용할시 저작권법에 저촉됨을 밝힙니다.